美之奥妙
何为美

青少年审美素养丛书

总主编：赵伶俐　汪　宏
主　编：段　禹　张玲玲

西南大学出版社
国家一级出版社　全国百佳图书出版单位

图书在版编目（CIP）数据

美之奥妙：何为美 / 段禹，张玲玲主编 . -- 重庆：
西南师范大学出版社，2019.6
（青少年审美素养丛书）
ISBN 978-7-5621-9403-3

Ⅰ.①美… Ⅱ.①段…②张… Ⅲ.①青少年教育—审美教育 Ⅳ.① G40-014

中国版本图书馆 CIP 数据核字（2018）第 129805 号

青少年审美素养丛书
总主编：赵伶俐　汪　宏
策　划：郑持军　张燕妮

美之奥妙 —— 何为美
MEI ZHI AOMIAO HE WEI MEI

主　编：段　禹　张玲玲

责任编辑：张燕妮
责任校对：雷　刚
装帧设计：张　晗
排　　版：重庆允在商务信息咨询有限公司
出版发行：西南大学出版社（原西南师范大学出版社）
　　　　　网址：http://www.xdcbs.com
　　　　　地址：重庆市北碚区天生路 2 号
　　　　　邮编：400715
印　　刷：重庆恒昌印务有限公司
成品尺寸：170mm×240mm
印　　张：9.25
字　　数：139 千字
版　　次：2019 年 10 月　第 1 版
印　　次：2024 年 3 月　第 2 次印刷
书　　号：ISBN 978-7-5621-9403-3

定　　价：32.00 元

丛书寄语

青少年朋友们，美，是一个多么令人身心愉悦、陶醉的字眼啊。但是，要能够在周而复始的、紧张的学习生活中，在看似平淡无奇的生活中，发现美，欣赏美，表现美，创造美，却是一个需要一生不断学习、积累和领悟的过程。新时期党和国家更强调美在培育人才、建设祖国中的重要地位，更加重视"以德树人、以美育人、以文化人，提高学生的审美与人文素养"，赋予美以践行社会主义核心价值观、弘扬中华传统美育精神和坚定文化自信的重要内涵。

我们编写的这套"青少年审美素养丛书"就是以"美"为主线，从解释什么是美开始旅程，不断驻足，欣赏自然之美、艺术之美、科学之美、家庭之美……更重要的是，这套丛书的主要作者都只是比各位读者们大一点的研究生哥哥姐姐们，他们只是比你们先学习了一步而已。他们以自己对美的热烈向往、认真学习、深度理解，描述了在自然、社会、艺术、科学以及我们的日常生活中存在的各种各样的美，它们能丰富你的学习与生活，也能为你未来的成长和生活积蓄满满的正能量。

《美之奥妙——何为美》的主笔段禹，高大帅气，带领着写作小组的同学们，讲起美来娓娓动听；《江山如画——自然美》的主笔林笑夷，特别热爱自然，还有高超的摄影技术，她带领小组成员写作的成果，可以作为你与家人去旅游时的鉴赏手册；《智慧之源——科学美》的主笔叶泽洲哥哥，在光电科学的领域中探索，而后再以审美的眼光重新审视了自己所学的专业知识，并带领写作组的同学们一起为血肉丰满的科学之美而感动、而运笔；《缪斯之光——艺

主笔胡敏楠，一个学美术的姐姐，在大学的学习中总是积极参与活动，投身边远地区的农村中小学，以美育实践进行教育扶贫；等等。还有《天伦乐事——家庭美》《向美而生——生活美》《和谐共鸣——社会美》都是以审美的眼光看待我们的日常生活，那些小人物、小瞬间、小感动，都是美的体现。若我们都能这样，无论在社会、家庭还是个人生活中总会更加幸福、快乐！

因为所有参与丛书编写的老师、同学们的共同努力，才有了这套丛书的诞生。你可以与他们取得联系，交流审美的心得、困惑与需求，成为朋友。而且，你还可以对任何一本书的任何一个部分提出意见，下次我们重印修改的时候，你的意见就十分重要了。因为美而结缘的朋友，人生一定会有别样的幸福！

西南师范大学出版社的郑持军编辑，以及每本书的编辑老师，为丛书的策划、立项、文本修改、配图等，付出了很多心力。还有叶泽洲，在书稿最后的修改中，做了大量实际工作。他敢于担当的奉献精神，一定会使他在今后的人生中赢得更多人的欣赏和尊重。让我们在此，真诚地感谢他们！

本套书第一批预计出版7本，分别是《美之奥妙——何为美》《江山如画——自然美》《智慧之源——科学美》《缪斯之光——艺术美》《天伦乐事——家庭美》《向美而生——生活美》《和谐共鸣——社会美》……

读者朋友们，如果你有兴趣，请持续关注这套"青少年审美素养丛书"的出版情况。让我们一起持续阅读，持续感悟，持续进步！

赵伶俐、汪宏
西南大学教育学部美育研究中心
2019年3月23日

目录 Contents

前言 / 001

一 毕达哥拉斯的隐喻——什么是美

1 美是和谐 / 002
2 美的种类 / 005
3 美的基本规律 / 010
4 审美体验园 / 018

二 美不自美，因人而彰——审美意象

1 什么是审美意象 / 022
2 审美意象的欣赏 / 025
3 审美体验园 / 040

三 自在飞花轻似梦——优美与优美感

1 什么是优美 / 046
2 优美的意象 / 050
3 审美体验园 / 060

四 黄河之水天上来——壮美与壮美感

1 什么是壮美 / 064
2 壮美的意象 / 068
3 审美体验园 / 077

五 错位中的秘密——喜剧

1 什么是喜剧 / 082
2 喜剧的意象 / 085
3 审美体验园 / 095

六 理想与现实的悖论——悲剧

1 什么是悲剧 / 100
2 悲剧的意象 / 103
3 审美体验园 / 112

七 一花一草皆世界——美无处不在

1 自然美 / 116
2 社会美 / 120
3 艺术美 / 124
4 科学美 / 128
5 形式美 / 132
6 审美体验园 / 136

后记 / 137

参考文献 / 138

前言

《美之奥妙——何为美》是面向中小学生编写的文化素质读物。

美学是人类社会实践、审美实践、创造美实践的产物。开展美学教育，能够促使中小学生树立正确的审美观点，培养健康的审美情趣，提高审美、创造美的能力，帮助他们学会美化生活、完善本性，从而改造社会，具有重要的实践意义。

本书试图通过美的熏陶，优化学生的人格素质；通过美的鉴赏，帮助学生区分善恶；通过美的训练，塑造学生完美的形象。其最终意义就在于使人的情感得到陶冶，思想得到净化，品格得到完善，从而使身心得到和谐发展。

本书由赵伶俐担任总主编，段禹、张玲玲参与了本书的编写，其中第一、二、四、五、七章由段禹编写，第三、六章由张玲玲编写。

本教材在编写过程中，参考、借鉴了很多美学方面的著作和文章，在此谨向相关作者致以诚挚的谢意。

虽然我们在编写过程中做了很多努力，但疏漏和不足之处在所难免，恳请专家、学者和广大读者批评指正，我们将不胜感激。

编 者
2019 年 9 月

一

　　1487年完成的《维纳斯的诞生》是意大利画家桑德罗·波提切利的杰作，表现的是希腊神话中代表爱与美的女神维纳斯从大海中诞生的场景：在清晨宁静的气氛中，从海洋中诞生的维纳斯站在漂浮于海面的贝壳上，左边是花神和风神在吹送着维纳斯，使贝壳徐徐漂向岸边；右边是森林女神手持用鲜花装饰的锦衣在迎接维纳斯。画面上的风神、花神和森林女神的形象共同围成了一个半圆形的边框，维纳斯恰好居于画面的正中，整个画面显得统一而又圆满。这个维纳斯的形象后被人们誉为文艺复兴精神的缩影。

毕达哥拉斯的隐喻
——什么是美

图 1-1　《维纳斯的诞生》

1　美是和谐

美，一个光彩夺目的字眼，它千古生辉，激荡着世代人的心灵。美，一幅幅精妙绝伦的画卷，它时而化身为挺着碧绿茎秆的盛开荷花，像一位亭亭玉立的少女眺望着远方；时而化身为聚集在叶片下的一簇簇鲜艳花朵，聚集在叶片下，像无数只蝴蝶微微张开翅膀，停在空中，凝然不动。人们迷恋它的风韵，追寻它的足迹，享受它的光华……在我们生活的这个星球上，还有什么比追求美更诱人、更壮丽、更崇高，更值得我们倾注全部的热情、爱，乃至生命呢？此时，我们不禁会激动地问道："那什么是美呢？"

苏格拉底

公元前469—公元前399年，古希腊著名的思想家、哲学家、教育家、公民陪审员。他和他的学生柏拉图，以及柏拉图的学生亚里士多德并称为"古希腊三哲"，其本人被广泛认为是西方哲学的奠基者。

哲学家苏格拉底和希庇阿斯曾就"什么是美"展开了一场激烈的辩论，争论至最后各有看法，不能统一。苏格拉底感叹了一句："美是难的！"或许正因为如此，此后越来越多的人踏上了探索美的本质的旅程。德国哲学家黑格尔认为"美是理念"；俄国的托尔斯泰认为"美这个词，竟然是个谜"；法国人更加俏皮，把美称作"我不知道它是什么"；俄国的车尔尼雪夫斯基认为"美是生活"。这些都是人类为揭开美的神秘面纱而进行的探索，且随着时代的发展和变迁，美也处在变化之中。

相比而言，古希腊数学家毕达哥拉斯对美的定义更能体现出美的本质。他说："美是和谐。"也许我们会不由自主地问道："为什么美是和谐呢？和谐又是什么呢？"伟大的毕达哥拉斯从数学的角度论证了"美是和谐"。他认为音乐之所以美，是因为不同音调的高低、强弱、轻重的不同而组成了一种和谐关系；造型艺术之所以美，是因为不同粗细的线条、大小不一的形状组成的关系，它的特点就在于长短、大小、比例、平衡、对称等外在特征的和谐统一。这些音乐、造型艺术在形式上的和谐，完美展现出了音乐、造型艺术的美。此外，我们认为，美之所以是和谐，还因为和谐是一种能容纳对立面存在的美，也就是说和谐不是要对立面消失，而是承认对立面存在美，二者相互渗透、相辅相成。举个例子，例如我国重要的文化符号——太极图，就体现出了和谐美的意蕴。它的布局结构黑白分明，合二为一，和谐流畅。其整体画面犹如黑白两鱼环抱成圆，相映生辉，自然天成，有"中华第一图"的美称。整幅图阴阳互化，二者相互渗透，相互依存，这就体现了和谐美。

图 1-2　太极图

那么，和谐又是什么呢？和谐就是指一个整体事物中各个部分与各个要素搭配适当。例如，一道菜，只有做到原料按一定比例搭配，烹饪过程按照一定顺序进行，造型按照一定规律摆放，人们才会说它是一道色、香、味俱全的好

毕达哥拉斯

公元前 580 至公元前 570 之间—约公元前 500 年，古希腊数学家、哲学家、科学家。他是第一个注重"数"的人，提出了毕达哥拉斯定理（勾股定理），证明了正多面体的个数。

一　毕达哥拉斯的隐喻　003

菜；一件衣服，只有它的质地、色彩、款式搭配得当，才会激发人们购买的欲望。当然，和谐美除了外显形式的和谐之外，还包括内容的和谐，以及内容与形式相结合的和谐。

图1-3 协调搭配才能展现出菜品之美、服饰之美

2 美的种类

其实，我们的生活中处处都存在美，柳丝含烟是美，岸草吐绿是美，远山凝黛也是美。美，琳琅满目；美，无处不在；美，无时不有。美的形式千姿百态、五彩缤纷，且不同人看同一事物能看出不一样的美，同一人对某个事物在不同时期的感悟也不尽相同。也许有人会问："各种各样的美之间是否存在共同的规律呢？"答案当然是肯定的。

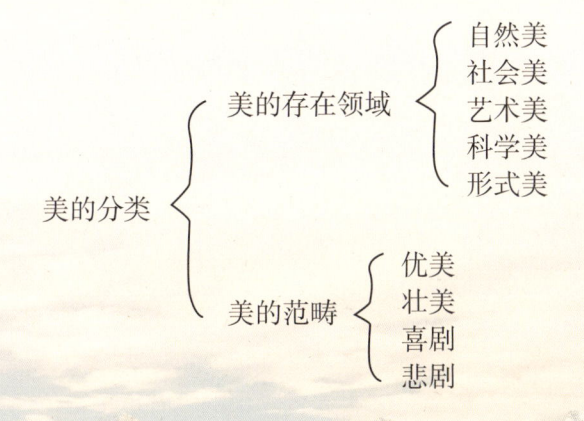

$$
\text{美的分类}\begin{cases}\text{美的存在领域}\begin{cases}\text{自然美}\\\text{社会美}\\\text{艺术美}\\\text{科学美}\\\text{形式美}\end{cases}\\\text{美的范畴}\begin{cases}\text{优美}\\\text{壮美}\\\text{喜剧}\\\text{悲剧}\end{cases}\end{cases}
$$

无处不在的美，在历史发展中已经渗透人类社会生活的各个领域、各个角落。对美的内容和存在的各种领域有一个大致的了解，这有助于我们更加深刻地理解和把握美的本质。根据不同的划分标准，美有不同的分类。

图 1-4 自然美——阿尔卑斯山脉

图 1-5 社会美——团结合作

  首先，按照美的存在领域，我们可以把美分为自然美、社会美、艺术美、科学美和形式美。

  先说自然美，自然美是指存在于客观世界中的具有审美价值的自然事物之美。它丰富多彩、姿态各异、千变万化，令人心驰神往。日月星辰、雨露霜雪、花草树木、飞瀑深潭、天池石林、高峡平湖，乃至晨曦中的一缕清风、夕阳中的一抹晚霞，都向人们展示了大自然多姿多彩的美色。自然美既包括未经人类加工的自然美，如张家界、九寨沟，也包括经过人类加工改造的人工与自然的和谐之美，如万里长城、苏州园林，还包括各种动物之美和植物之美。

  社会美是指存在于社会生活各个领域的事物的美。一般是指社会生活之美和社会事物之美两个方面。而社会美的核心是人的美，因为人是社会的主体，是生活的主体。人的美又包括两个方面的内容：一是人的外在美，包括人的形体、相貌、服饰、行为和气质、风度等；另一方面是反映人的内心世界的内在美，包括人的智慧才能、思想品质、道德情操等，也被称为心灵美。

图1-6　艺术美——米开朗琪罗《创世纪》

艺术美就是各类艺术作品中艺术形象与艺术意境的美。艺术，作为人类审美意识的最高表现形式，它所闪烁的美的光芒引导着人们一步步地走出精神的暗夜，成为人类至高无上的精神盛宴。艺术美又可以分为若干不同的类别，按照美学原则可以分为四个大类：第一，视觉艺术美，如舞蹈、绘画、雕塑、建筑、书法等；第二，听觉艺术美，主要指音乐以及朗诵、相声等；第三，想象艺术美，主要指文学，是人们用想象去感受语言中形象的艺术；第四，综合艺术美，是指综合运用各种艺术的形式和手段来塑造艺术形象的艺术，如戏剧、电影、电视等。

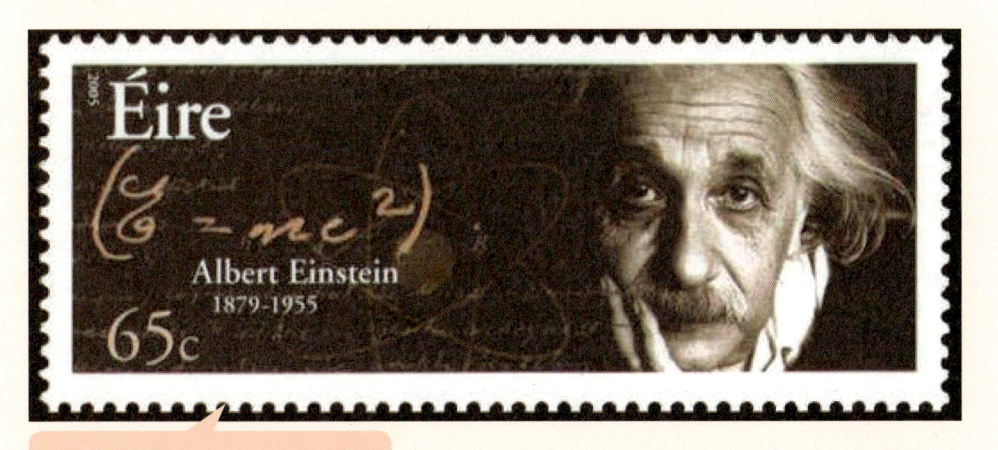

图1-7　为纪念爱因斯坦而发行的邮票

一　毕达哥拉斯的隐喻　　007

图 1-8　形式美——整齐、对称、比例

  科学美是在人类探索自然和人类自身种种奥秘的创造性劳动中呈现出来的美，这种创造性劳动会使我们的大脑皮层产生兴奋感，心理上产生愉悦感，这就是科学美的表现。一项工程设计，一种技术产品，需要考虑色彩、线条、造型如何才能既富科学之真，又含艺术之美，这是外在的美。一种科学理论，怎样以简洁的形式，完美地反映出自然的规律，揭示出其中的奥秘，使人豁然开朗，进而思之又回味无穷，甚至拍案叫绝，这是内涵之美。许多科学理论在显示其永恒的真理性的同时，也展现了不朽的美学魅力。

  形式美是自然物质的材料按照一定的规则组合后具体呈现出来的外观形式的美，是我们无须刻意追求，但从外部的形象姿态就能感受到的一种美。

  其次，按照美的范畴，我们可以把美分为优美、壮美、喜剧和悲剧四个部分。优美是指由小巧、细腻、柔和的事物引起的美感体验。一曲《春江花月夜》，一首抒情小赋，在舒缓恬静中给我们带来的是一种舒适、安宁、放松与满足的情感体验。

壮美是由巨大、粗犷、刚毅的事物引起的美感体验。正如崇山峻岭、危岩飞瀑、浩瀚大海、茫茫太空，带给我们的是一种壮丽、宏大、崇高的情感体验。

喜剧是发现事物在结构上的"不协调性"而产生的内心体验。通过展示美压倒丑的过程使我们体验到滑稽、幽默等，从而能够起到缓解紧张的作用，使我们保持轻松乐观的心态。

悲剧是因有价值的事物被毁灭而带来的内心体验。审美对象的各种不幸经历，无论是生活的磨难、心灵的创伤，还是肉体的摧残、斗争的失败，都会使我们的心灵得到警示、洗礼和净化。

各种各样的美，丰富多彩、美不胜收。如费孝通先生所言："各美其美，美人之美，美美与共，天下大同。"然而，要欣赏到美的事物还是需要通过人的主观感受。

图1-9 壮美——梅里雪山

3 美的基本规律

任何美，任何审美对象的构成要素，都必须按照一定的规律组合起来，才会具有一定的审美特性；杂乱无章的事物是没有美这一说的。这个规律就是美的规律，即构成美的要素的组合规律，也就是色彩、形体、声音等这些要素的组合规律。总的说来，美有以下规律。

（1）整齐一律

整齐一律也叫单纯齐一，是最简单的美的规律。它表现为要素在数量方面的重复一致。整齐划一，即同一形状、同一色彩、同一声音重复出现，没有变化。如色彩中的某一单色，服装、动作一致的军队及仪仗队，教室里整齐的座椅，书架上整齐排列的图书，等。

（2）对称与均衡

对称，指图形或物体对某个点、直线或平面而言，在大小、形状和排列上具有一一对应关系。在我们的生活中，对称随处可见，比如人体的四肢、眼睛、耳朵，鸟的翅膀等。对称具有平衡、稳定的特性，正如人体的四肢对称，我们正常走路才不会显得不协调。均衡与对称非常相似，但又有所不同，均衡可以说是对称的变体。它的特点是两侧的形体不必完全相同，只需在数量、形体上大体一致。与对称相比，均衡更加灵活，有一种静中有动的效果。它避免了完全对称的重复，有整齐、稳定的美感，符合我们心理平衡的需求，所以它的运用比对称更加广泛。

图 1-10　书架上整齐排列的图书

（3）比例与匀称

比例是指事物的整体与局部以及局部与局部之间的关系。而我们平常所说的匀称，实际上就包含了一定的比例关系。比例中最著名的就是黄金分割律，它在公元前6世纪由古希腊的毕达哥拉斯学派提出。所谓黄金分割，是将整体一分为二，较大部分与整体的比值等于较小部分与较大部分的比值，其比值约为0.618，依据这个比例构成的形体最美。一般书籍、报纸长宽大多采用这种比例。当然，还有其他很多事物都是按照黄金分割律而建成的，比如古希腊的雅典巴特农神庙、法国的巴黎圣母院等。

图1-11 德国科隆大教堂的设计处处体现着对称与均衡之美

图 1-12　雅典巴特农神庙的建造严格遵循了"黄金分割律"

（4）节奏与韵律

　　节奏是一种有规律的连续进行的完整运动形式，而速度的快慢和力量的强弱则是构成节奏的两个重要因素。节奏广泛存在于我们的生活之中，比如日升月落、花开花谢、潮涨潮落都体现出了大自然的节奏。在艺术中，节奏表现得更加充分，尤其是在音乐、舞蹈中。在音乐中，由音响运动的轻重缓急所形成的节奏是音乐的本质，而舞蹈的节奏是表现在形体动作上的，离开了节奏，音乐、舞蹈可以说便不复存在了。韵律是在节奏的基础之上形成的，但韵律赋予节奏一定的情调，是一种带有思想情感的节奏。比如，我国古典诗词押韵、平仄、对仗的节奏美，构成了诗词的韵味。

图1-13 优美的芭蕾舞

（5）调和与对比

　　调和是把几个接近的东西相并列，是非对立因素之间的统一。比如色彩中的相邻色，或统一色中深浅、浓淡的层次变化。调和是在变化中保持大体一致，使人感到融和、协调。

　　对比是把几种极不相同的东西并列在一起，使人感到鲜明、醒目、振奋、活跃。如色彩中的红与绿、黄与紫就是对比色，还有光线的明与暗、线条的粗与细、体积的大与小、位置的高与低、声音的强与弱等都是对比。把两个明显对立的因素组合在一起，会得到相反相成的审美效果。

图1-14 撞色设计

（6）多样统一

多样统一是形式美规律中最高级的表现形式。"多样"体现了事物千差万别的个性，"统一"体现了不同事物间的共性。多样统一是客观事物本身所具有的属性。事物本身的形体有大小、方圆、高低、长短等；材质有刚柔、粗细、强弱、轻重等。这些对立的因素统一在具体事物上面，就形成了和谐。

多样统一是在变化中求统一，实际上概括了上面所有美的规律，既包含了对称、均衡、调和、整齐一律等统一的方面，又包含了对比、比例、节奏、韵律等多样的方面。它避免了只讲究整齐统一的呆板、单调，又避免了只讲究变化多样的杂乱，使双方完美地结合在一起。比如我国的传统园林艺术就充分体现出了多样统一的规律。

一　毕达哥拉斯的隐喻

美之奥妙——何为美

图1-15　故宫的设计结合了几乎所有的美的规律，最终形成了一个完美的整体

一　毕达哥拉斯的隐喻　017

4　审美体验园

训练一

请你用自己的语言谈谈你对美的理解与感悟,写一篇200字左右的小文章。

训练二

按照美的规律，整理自己的书架，并将整理好的书架拍照，将照片贴于此处。

二

　　梅、兰、竹、菊被称为"四君子",在中国传统文化中它们被赋予了深沉的文化意义,以其绰约的风姿、铮铮的风骨,成为中国人千百年来感物喻志的象征。中国的文人墨客在一花一草、一石一木中负载了自己的一片深情,拓展了花木草石原有的意义。"四君子"此时不仅仅只是呈现出自然美,更表现出一种人格力量,人们通过"四君子"来寄托理想,比喻自我价值观和人格追求。这种对审美人格境界的向往,正是审美意象的产生过程。

美不自美，因人而彰
——审美意象

图 2-1　梅、兰、竹、菊

1 什么是审美意象

雕塑家罗丹说，对于我们的眼睛来说，不是缺少美，而是缺少发现。其实，美不仅仅是一种客观存在的"和谐"，更是人的身心与景观或事物形成的和谐呼应。美是主客体的协调统一关系，美是一种"发现"，人们总是寻找客观对应物，借它们自然属性的某些特点寄托自己的思想、情感和志趣，而中国传统美学中儒家思想所占比重很大，其道德情操成为一种审美标准，以此为基础，通过对自然之物或者说是审美客体的发现和选择，再加上审美者的情感影射和思想灌注，便生成许多承载儒家思想的审美意象。于是就有了"莲，花之君子者也"等许多类似的诗文和说法，泛而言之，亦即中国古代传统美学的"以意为美"[1]"以德为美"[2]"以道为美"[3]"同构为美"[4]和"比德为美"[5]。

因此，在美学家叶朗先生看来："中国古典美学体系是以意象[6]为中心的。"在中国，意象理论可谓源远流长。早在上古时代的《山海经》中，"触象而构"的神话意象就已触及"象"及其虚幻性质了。而其后的老庄哲学和美学中的"惚

刘勰（xié）与《文心雕龙》

刘勰（约456年—约520年），字彦和，是我国历史上的文学理论家与文学批评家。《文心雕龙》是刘勰的代表性作品，它全面总结了齐梁时代以前的美学成果，细致地探索和论述了语言文学的审美本质及其创造、鉴赏的美学规律，是我国文学理论批评史上第一部有严密体系的文学理论专著。

注释

[1] "意"指人的主观意志对客观事物所产生的反应。
[2] "德"指人的道德品质。
[3] "道"指善的思想观念，如"仁""义""礼""智""信"等。
[4] "同构"指人们在感官上的快感和心灵上的快感是相通的。
[5] "比德"指人们将某种自然物当作人们道德的某种象征。
[6] "意象"即意境。

兮恍兮，其中有象"也不是指客观事物的实像。它们可以说是中国意象理论的源头之水。而作为美学意义上的"意象"概念的使用，第一次是出现在刘勰的《文心雕龙》中。在"神思"篇中，他是从艺术构思的角度来谈论"意象"的，"使玄解之宰，寻声律而定墨；独照之匠，窥意象而运斤"①。在这里，刘勰赋予"意象"以确切的审美含义，即融入了情和理的客观现象，实现了中国美学上的重大突破，初步完成了审美意象理论的建构过程。

到了郑板桥，则具体地提出了"三竹论"。郑板桥曾这么写道："江馆清秋，晨起看竹，烟光日影露气，皆浮动于疏枝密叶之间。胸中勃勃遂有画意。其实胸中之竹，并不是眼中之竹也。因而磨墨展纸，落笔倏（shū）作变相，手中之竹又不是胸中之竹也。总之，意在笔先者，定则也；趣在法外者，化机也。独画云乎哉！"②

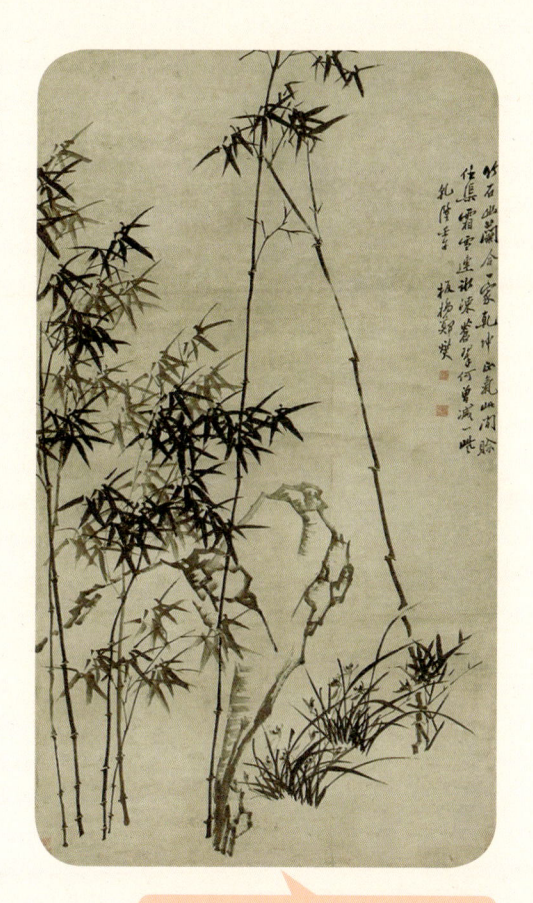

图 2-2　（清）郑板桥《竹石幽兰图》

注释

①译：作家在进行创作时会根据声律来下笔，眼光独到的工匠能按照心中的形象挥动斧头。

②译：秋天在江馆时早起欣赏竹子，清晨的氤（yīn）氲（yūn）（形容烟云弥漫的样子）、旭日光影、露水蒸气等，都浮动在零散的竹枝与茂密的竹林当中。欣赏如此美景，不由得有强烈的作画灵感。其实心里面想要画出来的竹子，并不是眼里所看到的竹子，所以当磨好墨、展开纸，刚准备好要下笔，画出来的却总是和原本设想的不太一样，不是心里面想画的竹子。总而言之，想象的意境永远都会超越下笔所画的物象，这是不变的法则。表现在固定格式画法之外的意趣神韵，是一种只有超脱俗世才能领悟的玄妙之处，只有在画画的世界里才会有这样的体验啊！

这不仅仅是画作创作中的规律，也可以理解成审美意象生成的过程。其中，眼中之竹是对客观对象直观的意象；胸中之竹是在头脑和心灵中存在并进行主观增删取舍、变形重组等加工后生成的新意象；手中之竹是通过一定的艺术技能，例如绘画、声音、动作等表达出来的意象，是主观头脑中意象的表达。朱光潜先生对此曾解释道："'成竹在胸'是直觉，是欣赏，是创造的初步。画在纸上才是创造的完成。"

郑板桥

1693—1765年，原名郑燮（xiè），字克柔，号理庵，又号板桥，人称板桥先生，江苏兴化人，祖籍苏州。康熙秀才，雍正十年（1732年）举人，乾隆元年（1736年）进士。先后任山东范县（今属河南省）、潍县（今潍坊市）县令，政绩显著，后居扬州，以卖画为生，为"扬州八怪"重要代表人物。

这与中国古典美学中审美意象心理生成的三阶段（"虚心""化我""入神"）有着异曲同工之妙：其中第一阶段所谓"虚心"，就是要抛开一切思虑私欲，凝神专一，不受外界干扰；第二阶段"化我"则包括两个层次，第一个层次是"因化而忘"[1]，第二个层次是"化后而生"[2]；第三阶段"入神"，是在审美活动中，人们内在的心灵与外在的审美对象因为产生共鸣而达到了共通的状态，从而使人们获得一种天人合一、超然物外的奇妙感受。

总而言之，"审美意象"是客观事物经过主体独特的审美创造之后物化而成的一种艺术形象，是主体与客体、心与物、意与象的有机统一。

注释

[1]意思是人们在欣赏某种事物时，该事物吸引了人们的全部注意力，从而使人们达到了"忘我"的境界。
[2]意思是人们逐渐从忘我沉醉的状态中清醒过来。

2　审美意象的欣赏

（1）中国传统文化中四季的审美意象

自然界中春、夏、秋、冬四季的观念在古人的心目中早已定型并指导着他们的生产，而季候呈现出的自然气象长期以来在中国古代文人心中则被烙上了一层浓厚的感情印迹。人在和自然相处的过程中，可以感应七情，而诗人在创作中通过创造的意象、生成的意境去表达这种感应。中国古典诗词中的意象、意境，大多数都有一定的情感指向性，四季诗即典例。

四　时[①]

（魏晋）陶渊明

春水满四泽，夏云多奇峰。

秋月扬明晖，冬岭秀寒松。

注释

①译：寒冷的冬天过去后，一泓春水溢满了田野和水泽。夏天的云变幻莫测，像奇异的山峰一般，千姿百态地耸立在天际。秋天，皓月当空，明亮的月光下，一切景物都蒙上了一层迷离的色彩。冬日高岭上严寒中的一棵青松展现出勃勃生机。

图2-3　四季

在中国古典诗词中,有许多作品都直接或间接地写到春、夏、秋、冬四季之景、之情。我们先来看有关春的作品:

寒雪梅中尽,春风柳上归。
(唐·李白《宫中行乐词八首》)
今夜偏知春气暖,虫声新透绿窗纱。
(唐·刘方平《月夜》)
最是一年春好处,绝胜烟柳满皇都。
(唐·韩愈《早春呈水部张十八员外》)
乱花渐欲迷人眼,浅草才能没马蹄。
(唐·白居易《钱塘湖春行》)
春风得意马蹄疾,一日看尽长安花。
(唐·孟郊《登科后》)
啼莺舞燕,小桥流水飞红。
(元·白朴《天净沙·春》)
等闲识得东风面,万紫千红总是春。
(宋·朱熹《春日》)

春天是给人希望的季节,生机尽展。我们看见无论是寒气未退的初春,还是暖气逼人的仲春,都会因为虫声、燕舞以及柳树而显得活跃。静的透窗新绿,动的流水飞红,素的残雪,艳的青红绿野,都在昭示喜悦的春天气象,无论是初春、仲春,还是暮春,在文人笔下无不充满着情趣,洋溢着生机,昭示着人生的可贵和生命的美好。

图 2-4 春

还有关于夏的作品：

山光忽西落，池月渐东上。
散发乘夕凉，开轩卧闲敞。
（唐·孟浩然《夏日南亭怀辛大》）
绿树阴浓夏日长，楼台倒影入池塘。
水晶帘动微风起，满架蔷薇一院香。
（唐·高骈《山亭夏日》）
接天莲叶无穷碧，映日荷花别样红。
（唐·杨万里《晓出净慈寺送林子方》）
漠漠水田飞白鹭，阴阴夏木啭（zhuàn）黄鹂。
（唐·王维《积雨辋［wàng］川庄作》）
日长篱落无人过，惟有蜻蜓蛱蝶飞。
（宋·范成大《四时田园杂兴·其二》）
黄梅时节家家雨，青草池塘处处蛙。
（宋·赵师秀《约客》）

图 2-5　向日葵

在人们的印象中，夏天是酷暑难耐的季节。天气将人闷在家里，万物也承受一份暑气，无聊更添人的一份焦急。但是在古典诗歌作品中，更多的却是展现人们闲时纳凉的惬意以及微风过处万物仍然精神的欣欣向荣气象：有晶莹透彻的池水、水光潋滟的碧波，有一院满架的蔷薇、翩翩飞舞的蛱蝶，更有月下"迢迢牵牛星，皎皎河汉女"的遐想。因而诗词中的夏天就幻化为美好浪漫的色彩，成为一种象征、一份寄托；"碧水""楼台""池月""蜻蜓""黄梅""鸣蛙"等意象就活脱脱地营造出令人神游冥想、富有生机的意境。

图 2-6　夏日荷花

二　美不自美，因人而彰　　027

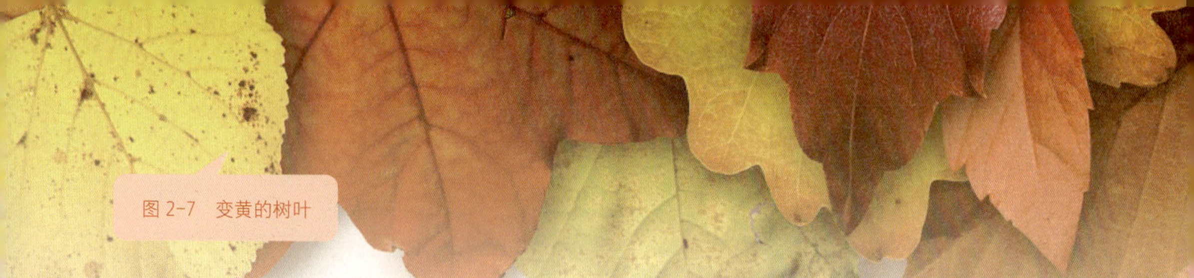

图 2-7　变黄的树叶

　　至于写秋的作品恐怕是最多的。常言"惯看秋月春风"，秋也是个百谈不厌的话题。古诗词中悲秋、颂秋之作多如牛毛，尤以悲秋之作为多：

悲哉，秋之为气也！萧瑟兮草木摇落而变衰，
惊栗兮若在远行，登山临水兮送将归。
（战国楚·宋玉《九辩》）
多少绿荷相倚恨，一时回首背西风。
（唐·杜牧《齐安郡中偶题二首·其一》）
秋阴不散霜飞晚，留得枯荷听雨声。
（唐·李商隐《宿骆氏亭寄怀崔雍崔衮》）
洛阳城里见秋风，欲作家书意万重。
（唐·张籍《秋思》）
万里悲秋常作客，百年多病独登台。
（唐·杜甫《登高》）
菡（hàn）萏（dàn）香销翠叶残，西风愁起绿波间。
（南唐·李璟《浣溪沙》）

　　秋天在古诗词中被冠以肃杀的气质、枯败的色彩、清苦的滋味，它所代表的是回忆，是思归，是光阴的流逝，是生命的落幕。在这样的"凄凄惨惨戚戚"中，那些月夜思归、游浪江湖的感受在韶华远逝、功名无成的现实衬托下倍觉落寞。于是，秋天给了人类同病相怜的情感：苏轼的《赤壁赋》、孟郊的《秋怀》、杜甫的《月夜忆舍弟》、范仲淹的《苏幕遮》……作为一种典型的意象，秋天在中国古代文人的笔下，对于抒发自身独特的内心感受有着不可替代的作用。在传统诗词中，悲秋是主流，以秋为题材的诗词所营造的是凄清、衰颓的意境，秋天也因此总是和肃杀、凄冷、阴郁、愁苦等情景或心绪相联系着。

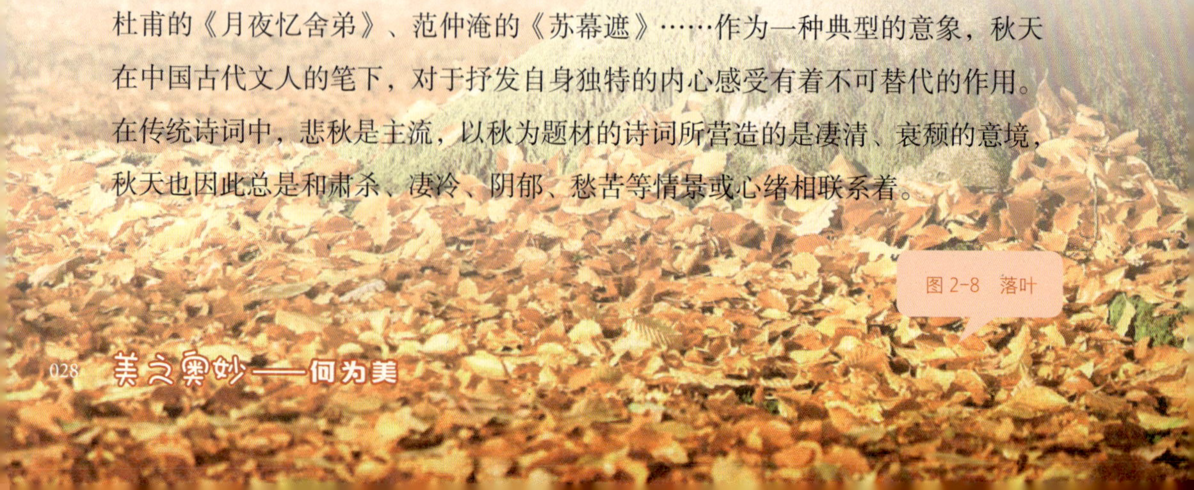

图 2-8　落叶

再来看关于冬的作品：

明月照积雪，朔风劲且哀。
（南朝宋·谢灵运《岁暮》）
凄凄岁暮风，翳翳（yì）经日雪。倾耳无希声，在目皓已洁。
（东晋·陶渊明《癸卯岁十二月中作与从弟敬远》）
百泉冻皆咽，我吟寒更切。半夜倚乔松，不觉满衣雪。
（唐·刘驾《苦寒吟》）
已讶（yà）衾（qīn）枕冷，复见窗户明。夜深知雪重，时闻折竹声。
（唐·白居易《夜雪》）
孤舟蓑（suō）笠翁，独钓寒江雪。
（唐·柳宗元《江雪》）
瀚海阑干百丈冰，愁云惨淡万里凝。
（唐·岑参《白雪歌送武判官归京》）

冬季天气极寒，北风肆虐，隆冬时分，大地或被冰雪覆盖，百兽蛰伏，百草枯衰，一片沉寂与肃杀。文人们在描写冬景时，往往以冬日的寒冷凄凉为背景，烘托出人的悲切冷落之情。因此，中国古代诗词中的"冬"意象通常抒发着一种"凄冷愁苦"的意境，含"悲凉"之意。

图2-9 银装素裹的冬日之景

（2）中国传统文化中"梅、兰、竹、菊"的审美意象

"君子"是中国传统文化中理想的人格模式。梅、兰、竹、菊以其清雅淡泊、自强不息、坚贞高洁的品质，一直为世人所钟爱，被称为"四君子"。正是源于对这种人格境界的神往，千百年来，梅、兰、竹、菊成为无数文人雅士托物言志的寄托，成为中国传统文化中独特的审美意象。

图2-10 梅花

梅：剪雪裁冰 一身傲骨

梅花除与兰、竹、菊并称"四君子"外，又与松、竹并称"岁寒三友"。梅清雅俊逸、冰肌玉骨、傲霜斗雪、凌寒留香，成为坚韧不拔人格的象征，被喻为中华民族精神之魂，为世人所敬重。古代诗词以梅为题者最多，或咏其风韵独具，或吟其神形俱清，或赞其姿色秀雅，或颂其节操高洁。

宋代王安石的《梅花》咏道："墙角数枝梅，凌寒独自开。遥知不是雪，为有暗香来。"这首诗意味深远，语句朴素自然，洁白如雪的梅花长在墙角但毫不自卑，远远地散发着清香。诗人通过对梅花不畏严寒的高洁品性的赞赏，用雪喻梅的冰清玉洁，又用"暗香"点出梅胜于雪，说明坚强、高洁的人格所具有的伟大魅力。

二 美不自美，因人而彰

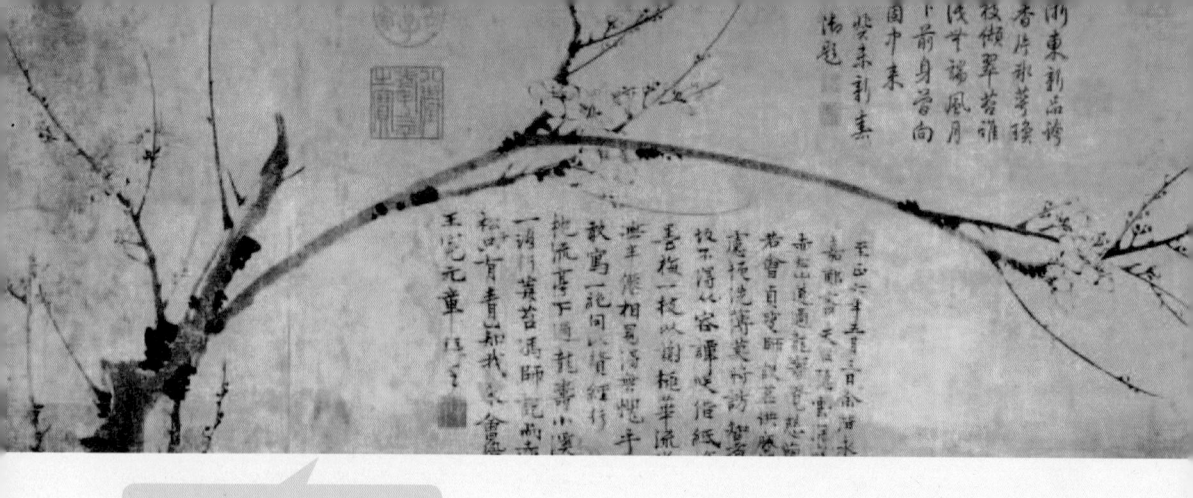

图 2-11 （元）王冕《墨梅图》

元代王冕的《白梅》咏道："冰雪林中著此身，不同桃李混芳尘。忽然一夜清香发，散作乾坤万里春。"这是一首托物言志之作，诗人以梅自比，借梅花的高洁来表达自己坚守情操，不与世俗同流合污，只愿散发一股清香，让它留在天地之间。诗人将花的品格、诗的品格、人的品格有机地融于一体，字面上是在赞誉梅花，实际上是表达自己的立身之德。

著名的咏梅诗还有陆游《落梅》中的"雪虐风饕（tāo）愈凛然，花中气节最高坚"，《卜算子·咏梅》中的"无意苦争春，一任群芳妒。零落成泥碾作尘，只有香如故"；柳宗元《早梅》中的"早梅发高树，迥（jiǒng）映楚天碧。朔吹飘夜香，繁霜滋晓白"；辛弃疾《生查子·重叶梅》中的"百花头上开，冰雪寒中见。霜月定相知，先识春风面"等。这些优美的诗词，通过咏梅、吟梅，表现了作者孤傲高洁的品格和不屈不挠的斗争精神。

兰：空谷幽香 高洁傲岸

兰花以香著称，孔夫子称其为"王者香"。兰花多生于荒僻无人的幽谷，而且素雅，素有"花中君子""空谷佳人"的雅喻。历代仁人志士以兰喻志、以兰抒情、以兰赋墨，是透过兰花的贞洁幽美，来展现自己的人格与抱负，代表一种"人不知而不愠"[①]的君子风格，以及一份安贫乐道、高洁淡雅的精神品性。

注释
① 译：别人不了解我，我却不愤怒。

图 2-12 （宋）赵孟坚《墨兰图》

唐代张九龄的《感遇十二首·其一》咏道："兰叶春葳（wēi）蕤（ruí），桂华秋皎洁。欣欣此生意，自尔为佳节。谁知林栖者，闻风坐相悦。草木有本心，何求美人折。"春天里的幽兰草木茂盛，秋天里的桂花皎洁清新。世界的草木生机勃勃，自然顺应了美好的季节。谁想到山间隐逸的高人，闻到芬芳而满怀喜悦。草木散发的香气源于天性，怎么会求观赏者攀折呢？"何求"二字用得斩钉截铁，淋漓尽致地表现了诗人不肯轻易赢得美名的清高志趣。

明代薛纲的《题徐明德墨兰》咏道："我爱幽兰异众芳，不将颜色媚春阳。西风寒露深林下，任是无人也自香。""我"喜爱兰花不同于其他花，因为它不凭借自己的颜色来向春天的阳光献媚争宠，在寒风凛冽的深林之中，即使无人欣赏也能够自己散发芬芳。兰之脱俗，兰之典雅，跃然纸上。

清代郑板桥的《高山幽兰》咏道："千古幽贞是此花，不求闻达只烟霞。采樵或恐通来路，更取高山一片遮。"把兰花喻为山中高洁之士，赞誉兰花不像其他花一样妖娆于世间，而是伴随着清云彩霞，与世无争，怡然自乐。

竹：高风亮节 虚怀若谷

中国被誉为"竹子文明的国度"。竹子无牡丹之富丽，无松柏之伟岸，无桃李之娇艳，但它挺拔、虚心、文雅的特征和高风亮节的品格为人们所称颂。很多文人都是以竹作题、作喻，赞美它不畏逆境、不惧艰辛、中通外直、宁折不屈的品格，其内涵已化为中华民族的禀赋和精神象征。

图2-13 竹

唐人白玉的《竹》咏道："虚怀千秋功过，笑傲严冬霜雪。一生宁静淡泊，一世高风亮节。"诗人将竹子拟人化，竹虽空却虚怀若谷，有容乃大，能纳千秋功过是非；竹四季常青，挺拔秀丽，诗人借此赞颂其不畏严寒的高洁品质；竹淡泊名利，宁静致远，高风亮节。诗人借诗表达对竹子高尚品格的赞颂，又道出了古人对"君子之道"的诠释。

清代郑板桥的《竹石》咏道："咬定青山不放松，立根原在破岩中。千磨万击还坚劲，任尔东西南北风。"这是一首赞美岩竹的题画诗，开头用"咬定"二字，把岩竹拟人化，传达出它的神韵和顽强的生命力；它经过了无数次的磨难，才长就了一身英俊挺拔的身姿，从来不畏惧来自四面八方狂风的击打。诗人托岩竹的坚忍顽强，言自己刚正不阿、正直不屈、铁骨铮铮的骨气。竹子虚心劲节，清淡高雅，不哗众取宠，更不盛气凌人，不图虚名，为历代文人雅士所推崇。

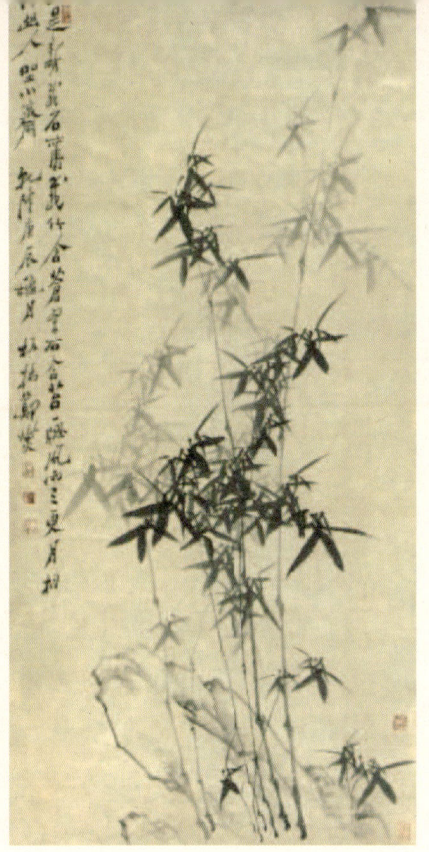

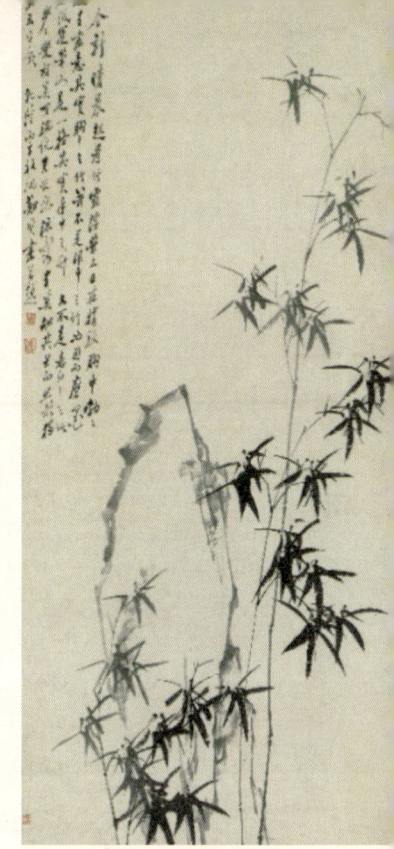

图 2-14 （清）郑板桥《竹石图》

菊：凌霜自行 不趋炎势

菊花不仅清丽淡雅、芳香袭人、凌霜自行、不趋炎附势，而且具有傲霜斗雪的特征，素有"花中隐士"的称号。菊花艳于百花凋后，不与群芳相列，傲霜怒放，具有不畏寒霜欺凌的气节和傲然不屈的品格。因而，古人多以菊比德、以菊喻志、以菊抒情。菊俨然成为君子超然物外、自得自乐的精神象征。

图 2-15 菊花

屈原在《离骚》中写出"朝饮木兰之坠露兮，夕餐秋菊之落英"[1]的名句，歌颂菊花高贵的品质；以"春兰兮秋菊，长无绝兮终古"[2]，表明了自己不与恶势力同流合污的品格。

宋代郑思肖的《画菊》咏道："花开不并百花丛，独立疏篱趣未穷。宁可枝头抱香死，何曾吹落北风中。"菊花不与百花同时开放，它是不随俗不媚世的高士。诗人借菊花宁愿枯死枝头，也决不被北风吹落，傲骨凌霜、孤傲绝俗的高洁之志，表明自己坚守高尚节操，宁死不肯向元朝投降的决心。

著名的咏菊诗还有：杜甫《云安九日郑十八携酒陪诸公宴》中的"寒花开已尽，菊蕊独盈枝"；白居易《咏菊》中的"耐寒唯有东篱菊，金粟初开晓更清"；苏轼《赵昌寒菊》中的"轻肌弱骨散幽葩，更将金蕊泛流霞"；陶渊明《饮酒》中的"采菊东篱下，悠然见南山"。诗中菊花傲然不俗、坚贞不屈的品性，正是中华民族不屈不挠的民族精神的体现。

中国人素有"琴棋书画养心，梅兰竹菊寄情"的情结，人们把物的意象融入人的情感之中，花、鸟、鱼、虫、山、水、树、木等皆成为文人学士们最亲密、友善的朋友，被文人们赋予了才气与灵气。可以说，梅、兰、竹、菊这四种植物不仅在过去受到了文人雅士们的厚爱，在今天也成为中国人普遍认同的文化象征，构成了中华文化中不可或缺的审美意象。

图 2-16 齐白石《东篱佳色》

注释

[1] 译：早晨我饮木兰上的露滴，晚上我用菊花残瓣充饥。
[2] 译：春兰秋菊常供奉，祭祀不绝传千古。

（3）中国传统音乐——《梁祝》的审美意象鉴赏

小提琴协奏曲《梁祝》以其婉约、大气、唯美、感人至深为主要特点，成为感动世界的著名乐曲，它架起了一座中国与世界良好互通的桥梁，它的艺术地位一直以来都被世人所认可。《梁祝》以中国四大著名民间故事之一的《梁山伯与祝英台》为蓝本，向大家讲述了一个凄美的中国式爱情故事。故事的主人翁是一对同窗好友，女的祝英台巧扮男装，与男主人翁梁山伯结伴求学，亲如兄弟，数年同窗。祝英台深爱梁山伯，但梁山伯丝毫不知，只知兄弟情深。几年后，祝英台被家人许配他人，在临别时，祝英台借物抒情，暗示对梁山伯的爱恋，但梁山伯终不解风情。后来梁山伯终知实情，祝英台却被人提前下了聘礼，梁山伯最终后悔不已，抱病而亡。祝英台闻讯后，全身戴孝至坟前祭奠，最终男女主人翁化作一双飞舞的蝴蝶。《梁祝》对民间故事《梁山伯与祝英台》进行了艺术提炼与加工，成为广为流传的世界名曲，也成为中国民族音乐的经典之作，具有不可替代的艺术价值[①]。

注释

[①]陈红.《梁祝》艺术赏析[J].名作欣赏2（17）：165-176.有删改。

图2-17 昆曲《梁祝》

这部作品以越剧唱腔为基本素材，将西洋奏鸣曲式与中国戏曲章回式的结构形式、西洋交响乐与中国民间戏曲音乐的表现手法巧妙地融合在一起，通过呈示、展开、再现三个部分，展现出两人相识相爱、誓死抗婚、相守化蝶的三个精彩场面，营造出了感人至深的爱情审美意象。

相识相爱。 开始由长笛、双簧先后领奏，乐队协奏，制造出简短的引子，展现出阳光普照大地的美好景象。在此基础上，小提琴独奏出爱情主题，接着大提琴、小提琴相互对答，作者采用复调的手法，描绘出他们草桥结拜的情景，为后文的悲剧埋下伏笔。紧接着，乐队与小提琴相互补充，再次奏出爱情主题，赞扬了人世间淳朴的真挚爱情。过渡阶段之后，便进入快板音乐，独奏小提琴在乐队的伴奏下，给人们呈现出一幅幅欢快愉悦的场景，梁祝二人共欢乐、共受罚，学堂之景烙印在心，为后来爱情的崎岖之路做好了铺垫。尾部，音乐转入对比性较大的慢板，表现出快乐时光一去不复返，梁祝二人十八长亭依依惜别，此时的他们已经从相识走向相爱。

誓死抗婚。 定音鼓、大锣音色沉重，可怕的音响和大管、大提琴的曲调相互依称，不协调的和弦乐的震音配上钢管乐的八度齐奏，让人们的心中有些许后怕。独奏小提琴采用散板节奏，连续的和弦凸显出祝英台心中的苦闷与伤心，强烈的切分节奏彰显出了抗婚的主题，使得乐曲进入了抗婚的高潮，与开始快板音乐奏出的欢快情绪形成了鲜明的对比。当两人的抗婚已无意义之时，一种

图 2-18 越剧《梁祝》

哀怨的曲调随之而起，乐曲转入慢板，由独奏小提琴沉重奏出。当两人楼台相会、互吐相思之时，大提琴和小提琴独奏对答，巧妙展现。当祝英台对封建势力誓死反抗之时，音乐急转而下，紧接着，小提琴在乐队急促的十六分音符的演奏和戏曲中板、鼓的敲击下，将难以压制的情感宣泄出来，奏出了祝英台绝望的哭喊声，在低沉的大锣声中，祝英台投身坟墓中。此时，管弦齐鸣，似到结局。

相守化蝶。再次回到最初的长笛、竖琴带给人们的愉悦情境，小提琴表现出了梁祝双双化蝶，在世间自由自在飞舞的情景。经历过生离死别之后重逢，透过轻松的曲调，听到的不仅是一声声抑在心中许久的感叹，也残余着些许惋惜、些许悲伤、些许对封建束缚下儿女情长的感叹。最后，整首乐曲在小提琴与长笛先后呼应，满含无限伤感、无比惋惜的尾声中结束。

一曲小提琴协奏曲《梁祝》，一段感人肺腑的故事，演绎出了一幕幕催人泪下的场景。无论是低沉的大管对人内心的冲击，还是温婉的小提琴独奏给人留下的美好遐想，场景都在随着故事情节的发展不断地切换，小提琴的散板节奏、和弦的连续进行、锣鼓的相互映衬都巧妙地展现出音乐的魅力，配合得天衣无缝，完美无瑕，让人陶醉在音乐中不能自拔，同时内心也充满着对自由的渴望、对爱情的向往、对封建思想的反抗。这不仅是一部爱情曲，也是一部激励人心的进步曲。[1]

注释

[1] 彭子珊.浅析小提琴协奏曲《梁祝》[J].黄河之声 2013（2）.有删改。

二　美不自美，因人而彰

3　审美体验园

训练一

　　欣赏下面几幅画作，思考中国山水画与西方油画在审美意象上的不同之处。

图 2-19 （北宋）范宽《雪山萧寺图》

图 2-20 （明）吴伟《江山渔乐图》

二 美不自美，因人而彰

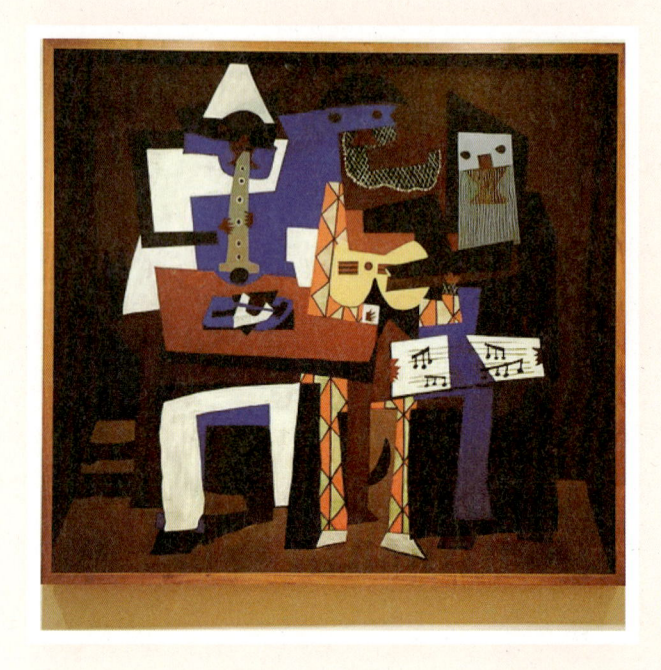

图 2-21 毕加索画作

图 2-22 毕加索画作

042 美之奥妙——何为美

训练二

在梅、兰、竹、菊中选取一种,在现实生活中寻找相应实物,拍摄照片,并收集相关诗词,做成一个相册。

优美是美的一般表现形态。优美的事物总给人以舒适、宁静和放松的感觉，比如当我们看到披着鹅黄嫩衣的杨柳在微风中摇摆着它轻柔的枝条，那轻盈柔美的风姿，恰似婀娜多姿的少女在风中摇曳，心里不禁产生一种轻松、喜悦之情。不仅是因为它的美为湖光山色增添了妩媚的风采，更因为它小巧、柔美的姿态惹人怜爱。你看，池塘中，柳影摇曳，临风起舞，柳动影随，它就像是对镜梳妆的少女，又如舞袖飘飘的仙子。此情此景，不禁让人想到"杨柳青青著地垂，杨花漫漫搅天飞"。

自在飞花轻似梦
——优美与优美感

图 3-1　青青杨柳水边桥

1 什么是优美

优美指由小巧、细腻、柔和的事物引起的美感体验。优美,也称秀美,诸如清秀、柔媚、飘逸、典雅、绮丽等都属于这种美。人们通常所说的狭义美就是指优美,这是一种优雅的美、柔性的美,我国古代称之为"阴柔之美"。

优美的基本特征是和谐。所谓和谐,就是对象的构成要素之间相辅相成、相互协调,外部形态表现柔润、浑然一体,让人感觉心情舒畅、轻松愉悦。例如风和日丽、鸟语花香、莺歌燕舞、山明水秀等都是和谐这一特征在自然景色中的体现。同时,优美也展现在社会生活中,如老人的慈祥、男人的温和,这种对他人有利有益的言行和心灵都给人以优美的感觉。

此外,优美还体现在艺术作品中,如现代舞蹈家杨丽萍表演的《孔雀舞》,她那轻盈的舞姿、柔美的曲线把孔雀戏水、展翅、沐浴等动作表现得惟妙惟肖、活灵活现,令人感到舒适、放松和满足。

总的来说,优美的美感特点可以概括为三点:小巧、细腻、柔和。

小巧:包括形体小、力量小等。优美的事物和壮美的事物相比总是显得小而精巧。如小花、小草、小鸟等这些都是

图 3-2 杨丽萍表演的《孔雀舞》

图 3-3　含羞的桃花

形体上的小巧；婴儿的啼哭、女性的纤弱、母亲的爱抚，这些都是力量上的小巧。

细腻、柔和：小巧的事物总是显得非常细腻、柔和、温馨、惹人喜爱，让我们不能不去注意它的细节，观察它的细节，禁不住要把它捧在手里，给它以爱抚和保护，或者投向它的怀抱，感受它的温暖与柔情。比如迎风带露、含羞的桃花，淅淅沥沥、绵绵的春雨，弯弯的河流，玲珑的江南等。

优美的事物一般表现为对称、均衡、匀称、韵律协调、曲线优美，颜色鲜明而不强烈，音调和谐而不亢奋或低沉。它们都遵循美的规律，如玲珑剔透的美玉、明亮皎洁的满月等。

图 3-4　弯弯的河流

图 3-5　优美的景色使人轻松愉悦

  优美是柔婉和谐的，给人的身心体验是愉悦的、轻松的。优美也是以"和谐"为基本特征。在培养优美感的同时会让人体验到怡情悦性的和谐感，更会促使人与自我、人与人、人与社会、人与自然之间的关系趋于良好，在现实生活中亦具有积极意义。首先，优美感的熏陶能促使自身趋向和谐，如当一个人身心处于紧张、疲惫的状态时，听听轻音乐，哼哼小曲，或在环境清幽之处散散步，或许能趋向心理平衡，达到和谐。人受到优美感的熏陶，感受力会更加细腻，想象力会更加丰富，情感会更加柔软、委婉，对事物、对大自然更加充满着挚爱之情，从而促使自身趋向和谐。其次，优美还能够促使人与人之间的关系更加和谐，增进相互的理解和互助关系，沟通人们的心灵，协调人们的行为，使人与人和睦相处，形成和谐的人际关系。最后，优美还能够促使人们与所处的环境之间达到和谐。

图 3-6　飞翔的白鹭

比如张志和的《渔歌子》:"西塞山前白鹭飞,桃花流水鳜(guì)鱼肥;青箬(ruò)笠(lì),绿蓑(suō)衣,斜风细雨不须归。"描绘了一幅白鹭自在地飞翔,桃花盛开,江水猛涨,桃红与绿水相映的湖光山色,生动地表现了渔夫悠闲自在的生活情趣。

这里,白、红、青、绿等多种颜色嵌入柔和的线条之中,有色彩、有线条,看上去完全符合图案设计中所要求的整齐、对比、对称、和谐、多样统一等美的组合原则。在此背景上,又有白鹭飞翔、鳜鱼游泳,使幽静的环境透出生气。其实,处在山清水秀、鸟语花香的秀丽景色中,面对"江上清风、山间明月",人的身心仿佛都融入自然,喧嚣闹市的纷争烦恼顷刻间烟消云散,回归"天人合一"的怡然境界。这会促使人类更加热爱自然、保护自然,使人与自然的关系更加和谐。

图 3-7　渔夫悠闲的生活

三　自在飞花轻似梦　049

图 3-8 飘逸的云

2 优美的意象

优美是美最普遍的表现形态,它散落在我们生活的周围,也体现在自然界、社会、艺术等领域,由此可见,优美无处不在。接下来,让我们一起走进优美的殿堂吧!

桂林,位于广西东北部桂江上游,说它是华夏大地上最美丽的城市也不为过。这座古城已有 2 000 多年的历史,山清水秀,景色优美,这都使这片土地熠熠生辉。

桂林的景色优美,主要表现在其青山和秀水,尤其是桂林的山,它不是垒叠在山脊坡岭上的,而是平地拔起,显得如此小巧玲珑、秀丽葱郁,奇峰罗列如春笋,如翠屏,如牛马,如玉女,形态万千。连绵起伏的山远远望去宛如曲线优美的少女躺在云层之中;它的水,静如铜镜,碧澄见底,如梦如幻,给人以安静、轻松愉悦之感。

游走于漓江时,尤其是由桂林到阳朔江段,一步一换,处处美景,人称"百里画廊"。坐在游艇上顺流而下,游走于青山绿水之间,可以看到流泉飞瀑、绝壁深潭、奇峰连绵、碧水萦(yíng)回。看着山依水,水傍山,山光水色,交相辉映,群峰倒影的景色,真是美不胜收。

奇秀而小巧的青山与澄澈的碧流组成一幅瑰丽多彩的锦绣画卷,衬以沿江翠竹绿树、村舍田畴(chóu),不似仙境,胜似仙境,游走其中,恰似人在画中游,给人秀美宜人、身心愉悦之感,让人乐不思蜀。对此,韩愈有诗赞曰:"江作青罗带,山如碧玉簪(zān)。"

自然风景的优美往往给人轻松自在的感觉,而戏剧的优美也毫不逊色。

昆曲《牡丹亭》是我国戏曲史上浪漫主义的杰作，也是汤显祖的得意之作。作品通过杜丽娘和柳梦梅生死离合的爱情故事，洋溢着追求个人幸福、呼唤个性解放、反对封建制度的浪漫主义理想。《牡丹亭》词曲典雅优美、唱腔圆润柔美、演员身段优美。尤其是《牡丹亭》中的《游园惊梦》，优美的文字和唱词，以情景交融的方式表达了主人翁的伤感情怀，成为千古绝唱。

图3-9 昆剧《牡丹亭》海报

三 自在飞花轻似梦

昆曲唱腔华丽婉转，念白儒雅，表演细腻，歌唱与舞蹈的身段结合得巧妙而和谐。而《牡丹亭》具有小调优美、文雅又略带伤感的色彩，生动地衬托出杜丽娘温文尔雅的气质，以及她游园时惊喜而又无奈的复杂心态。

"原来姹紫嫣红开遍，似这般都付与断井颓垣（yuán）。良辰美景奈何天，赏心乐事谁家院？朝飞暮卷，云霞翠轩；雨丝风片，烟波画船。锦屏人忒看的这韶光贱！"这优美的语句，经过杜丽娘柔和的唱腔，一唱三叹地将如画美景展露无遗，且变得更加凄美动人。她那低眉颔首的羞涩神情，水袖轻挥的盈盈身段，柔弱细软又情真意切的唱腔，加上她边唱边轻移莲步、款动衣襟，无不透露出一位端庄优雅、柔情似水的女子内心对爱情的炽烈渴求，正是这份渴求把我们带入了她生生死死的爱情神话之中。

当她看见了美景却不禁伤春自怜时，她哀怨的神情、仪态亦让人也感觉落寞，心生怜爱。伴随着编钟和鼓的妙音，她脚步轻盈，飘逸灵动，张开宽大的袖袍，绣着红色牡丹花的白色裙衫轻轻地舞动，飘来飘去，仿佛溪水在缓缓流动。这些无不展现了传统舞蹈和现代歌舞的艺术交融，从唱腔到手、眼、身、法、步、扇子、水袖等表演无不流露出昆曲精美、典雅的神韵。

图3-10 牡丹亭 惊梦

《牡丹亭》的优美不仅展现在其曲调和动作上，还有服饰美。其服饰有着古典、丰富的色彩，柔软、精美的质地，以及考究的纹饰，加上协调完美的搭配与演员身段的灵动、轻盈，这些使服饰的优雅之美得以呈现。如剧中杜丽娘和柳梦梅互生情愫的场面本来难以做正面的表现，但因水袖收放、勾搭、缠绕，使这一场面显得既热烈大胆，又优雅含蓄，让人浮想联翩，意乱情迷。

同时，我们能感受到服饰美与表演美相得益彰，动态美与静态美交相辉映，服饰的韵律美、演员的形体美都在表演中得到展现。如春香的服饰：淡淡的、轻柔的色调，充满了春天的稚嫩，头上的黑色线尾子垂于身前、身后，随着灵活的肢体运动，将少女的妩媚、活泼表现得淋漓尽致。①

注释
① 王培喜. 兼收并蓄话"牡丹"——讨论昆曲青春版《牡丹亭》的舞台服饰[J]. 戏曲艺术 2008（04）：55-59.

图 3-11 游园惊梦

图 3-12　蓝色多瑙河

当然，优美不单单只能被我们看到，还可以被我们听到，如果我们用心去聆听、去感受，也许会有更好的审美效果。《蓝色多瑙河》是奥地利著名音乐家、被誉为"圆舞曲之王"的小约翰·施特劳斯的作品。这首乐曲构思新奇，旋律优美动听，被称为"奥地利第二国歌"。

《蓝色多瑙河》由序奏、五首小圆舞曲和尾声构成。乐曲开始是序奏，分为两个段落。乐曲一开头，我们就听到了小提琴轻轻演奏的颤音，眼前仿佛浮现着多瑙河微波荡漾的画面。

小约翰·施特劳斯

1825—1899 年，奥地利著名的作曲家、指挥家、小提琴家、钢琴家。他自幼爱好音乐，7 岁便开始创作圆舞曲，19 岁开始举办一系列音乐会，一生中创作了四百多首乐曲，其中尤以《蓝色多瑙河》《春之声圆舞曲》等乐曲最为著名，被人们称为"圆舞曲之王"。

美之奥妙——何为美

图 3-13　多瑙河畔风光

　　徐徐奏出的音乐，犹如在描绘黎明前晨色曚昽且宁静的河岸。序奏的第二个段落，速度变快，情绪活跃起来，出现了圆舞曲的节奏，演奏出一幅红日渐渐露头，万物在晨曦的光芒下逐渐苏醒的景象。听完序奏之后，接下来是五首小圆舞曲。

　　第一圆舞曲：由两部分组成。第一部分是用序奏的音调构成音乐主题，这个主题抒情明朗，充满生命的气息，像是对春天的多瑙河的赞美；第二部分的音乐轻松、明快，在较高的音区上奏出清脆悦耳的旋律。

　　第二圆舞曲：第一部分的旋律热情、爽朗、抑扬顿挫，给人以朝气蓬勃的感受，像是对春天的热烈歌颂；第二部分从明亮的 D 大调突然转到了柔和的降 B 大调上，音乐优美而婉转；第三部分重复了第一部分的音乐。

　　第三圆舞曲：两个部分富有对比性。第一部分用连续不断的三度音程进行，使音乐另有新趣，显得格外优雅、优美；第二部分加快了音乐速度，连奏八分音符的使用使音乐变得更富于流动性、旋转性，使舞蹈场面表现得更加鲜明。

三　自在飞花轻似梦

第四圆舞曲：由两种音乐素材组成。开头一段是由三和弦带出的优美怡人、乐观幸福的主题，接下来一段强调的是欢快的舞蹈节奏，营造出喧闹热烈的氛围。

第五圆舞曲：在一小段间奏之后，开始了由两种音乐素材组成的最后一个小圆舞曲。第一乐段由木管乐器和小提琴弱奏出优美动人、舒展柔情的旋律，给我们留下了比较深刻的印象。接下来的一段音乐欢快、热烈，是全曲的高潮。

尾声：乐曲的尾声，结构宏大，音响丰富，几乎包容了乐曲中所有圆舞曲的主题。但是，在演奏的次序、主题的选择以及乐器的使用上仍有多彩的变化。尾声中出现了第三、第四和第一首圆舞曲，然后响起序奏中多瑙河水波荡漾的美妙回声。在清澄的色彩中，长笛颤动跳跃的鸟语，让人们沉浸到田园诗境中。忽然，一阵疾风骤雨般的音流汹涌而至，全曲在火热的狂欢高潮中结束。[1]

《蓝色多瑙河》的节奏轻快、活泼、流畅，既能表现出河流流动的动感，又能让人们体会到河流两岸的美好生活，生动形象的音乐语言明快简洁，富有歌唱性。小约翰·施特劳斯将美丽的多瑙河展现在我们眼前，再现出大自然美丽春天的艺术图画，让我们感受到多瑙河的柔情似水，感受到音乐的优美、婉转。此外，像贝多芬的《致爱丽丝》、舒伯特的《小夜曲》《鳟鱼》等，其带给我们的心理感受都是类似于这样的优美感。

注释

[1] 畅言.《蓝色多瑙河圆舞曲》赏析[J].辽宁师专学报（社会科学版）.2004（03）：99-100.有删改.

图 3-14 《蓝色多瑙河》引子主题

音乐的优美，让人有无尽的遐想空间，而诗词的优美，更让人如痴如醉。《春江花月夜》是唐代诗人张若虚的代表作，也是一篇脍炙人口的名作。《春江花月夜》沿用陈隋乐府旧题，其真挚动人的离别情绪、睿智的哲理、清新优美的语言、婉转悠扬的韵律、神韵的境界使读者折腰。它之所以能技压群芳、流传千古，是因为其独特的艺术魅力、丰富的艺术生命力和感染力。全诗就像一幅工笔精细、色彩柔和、清丽淡雅的山水风光画，给人以澄澈空明、清丽自然的感觉。张若虚通过对渔舟晚归的描写，展现出江南水乡春、江、花、月、夜的迷人景色，传达出晚归者的愉悦心情和对祖国锦绣河山的热爱，尤其是对春、江、花、月共享一夜的赞美。

春江花月夜（节选）

唐·张若虚

春江潮水连海平，海上明月共潮生。
滟滟随波千万里，何处春江无月明！
江流宛转绕芳甸，月照花林皆似霰；
空里流霜不觉飞，汀上白沙看不见。
江天一色无纤尘，皎皎空中孤月轮。
江畔何人初见月？江月何年初照人？
人生代代无穷已，江月年年只相似。
不知江月待何人，但见长江送流水。

图 3-15　皓月当空

　　一江春水浩浩东去，潮大水盛，几乎与海连在一起。这时，一轮明月从浪潮中冉冉升起，江水与明月互相辉映，江面上波光粼粼，似梦似幻，真是江连海，海生月，月照江，江天一色，好一派壮观景象。弯弯的曲水绕过原野，而明月则把它的清辉洒向花林、洒向整个世界，使江南的春夜笼罩在月色中，恬静而空灵。展现在眼前的景色，让人心旷神怡。春，温柔和煦；江，悠远浩渺；花，清幽芳馨；月，皎洁妩媚；夜，宁静寥廓。全诗神气凝聚，如诗如画，浑然一体，使春、江、花、月、夜达到极致的美。此时此景让人陶醉，内心也更加空灵、清澄。

　　月光将大千世界浸染成梦幻般的银灰色，巧妙地创造了一个神话般幽美、恬静的境界。这首诗围绕春、江、花、月、夜五个意象一步一步铺展开来，从江月情景走向人生慨叹，全诗大开大合，色美情浓，伴睡着笼罩全诗的斑斓迷离的气氛，好似三月"润物细无声"的春雨，沁人心脾，散发着不朽的艺术魅力。

三　自在飞花轻似梦

3　审美体验园

　　如果说《春江花月夜》创造了一个春、江、花、月、夜交融的幽静世界，那么贺知章的《咏柳》则描绘了在这个美妙世界中一位摇曳生姿的"美人"，她总是令人心醉神迷。贺知章所描绘的柳树是多姿多彩的。远看，像碧玉妆成，形体是那么光滑圆润；近看，其叶似细细裁出，形体是多么小巧精致。翠绿千条像绿色丝绦，色彩鲜艳，线条柔和，枝条娇羞地下垂，在春风中轻盈拂动。这些属性彼此间的和谐组合才构成了垂柳的优美。其实，优美的事物从不缺少，只是缺少一双发现优美的眼睛。

图 3-16　可爱的小狗

图 3-17　用大米拼出的声母，体现了黑白搭配的和谐美、匀称美（创意：赵子涵）

训练一

请大家找一找身边优美的事物,比如公园里的小花和柳树,用手机或相机拍下来观察它们的颜色、形状,发现它们的优美之处。

训练二

用不同材质的东西(比如花生、小石头、花瓣等)拼出 26 个字母,联系本章内容,展现出优美的特征。

四

图 4-1　黄河的壮美
图为《美丽中国—黄河赞歌》，作者为重庆大学艺术学院原院长许世虎教授，中国美术家协会会员，中国高等教育美育专委会常务理事，重庆市美术家协会副主席。

黄河之水天上来
——壮美与壮美感

著名的壶口瀑布坐落于我国陕西省延安市宜川县壶口乡与山西省临汾市壶口镇的交界之处，是我国第二大瀑布，也是世界最大的黄色瀑布。黄河一路奔流至此，似乎厌倦了途中的平缓，转而敛水成束，一头扎进20多米深、形似壶口的石槽之中，怒吼的波涛如万马奔腾，形成"千里黄河一壶收"的壮美景象。

1　什么是壮美

不同于杏花春雨般的优美,当我们面对崇山峻岭、危岩飞瀑、大漠秋风、茫茫太空时,在心里激起的是什么样的审美感受呢?不难发现,这是一种雄浑恢宏、气势磅礴、骨力遒劲之景,显示出昂扬奋发的美。在美学上,我们把这种由巨大、粗犷、刚毅的事物引起的美感体验称之为壮美,相当于我们传统美学中的"阳刚之美"。与优美一样,壮美也广泛地分布于自然、社会、艺术的各个领域中。如狂风暴雨、悬崖峭壁、赤日烈火,体现的是壮美。苏轼的"大江东去,浪淘尽,千古风流人物",岳飞的"怒发冲冠,凭栏处,潇潇雨歇",表达的也是壮美的情感!

那么,壮美有哪些特点呢?

优美是以和谐为基本特征的美,壮美其实也是以和谐为基本特征的,但壮美的和谐与优美不同。优美的和谐是事物各要素之间的相互协调、相辅相成所表现出来的和谐,壮美的和谐则是事物各要素间的相互冲突

图 4-2　《掷铁饼者》体现了男性人体的壮美

图 4-3 划破苍穹的闪电　　图 4-4 搏击长空的雄鹰

所构成的和谐，表现出浩大、猛烈的气势和力度。例如，女性身体线条流畅、柔滑，呈现的是优美，这是由身体的肌肉和脂肪之间的相互协调造成的，肌肉间块状结构的凹凸，经过适量脂肪的"润滑"而消失；而男性人体的壮美所展示的恰恰是肌肉块状结构的凹凸，通过有明显凹凸起伏的线条，鲜明地表现出肌肉间的张力冲突，再通过这种张力结构呈现出生命的力度。壮美的和谐是一种富有内在张力的和谐，是一种具有冲击力的和谐。概括起来，壮美有如下三个特征：

宏大粗粝、雄浑壮丽的形式美。壮美偏重于形式美，其突出特点是"宏大""粗粝"。"宏大"具体表现为形大、力大，以及精神的坚强有力。如辽阔的草原、巍峨的高山、苍茫的大漠，是形体的壮美；搏击长空的雄鹰、响彻天宇的雷声、"惊涛拍岸，卷起千堆雪"，是力量的壮美；为人类社会的进步、为国家民族命运而英勇斗争及百折不挠的意志行为则彰显的是精神的壮美。"粗粝"具体表现为凹凸不平、有棱有角、不光滑、不规则，或者具有怪异的因素，给人以奇特、峥（zhēng）嵘（róng）、粗犷的美感。米开朗琪罗雕塑中故意不加修饰的粗糙顽石，中国书法艺术中的瘦硬、拙朴、不平衡等，都以一种打破平衡、违反常规的表现形态，体现出壮美的审美价值。

四　黄河之水天上来

图 4-5　汹涌的海浪

在形态上，壮美以其铺张扬厉的姿态与纵横交错的构造透露出强悍的美学韵味。壮美的又一形式特点是"壮丽"，具体表现为色彩鲜艳而炽烈，斑斓夺目，璀璨壮丽，如熊熊燃烧的烈火、划破暗夜的闪电等。

劲健有力、激烈奔放的动态美。从运动态势看，壮美偏于动态，往往表现出一种剧烈的、不可遏制的态势。这种运动态势的具体表现：一是速度快，一泻千里、疾驰而过，如飞瀑、激流、闪电；二是力度大，势如破竹、雷霆万钧，如山洪、海啸等。诗歌中的"飞流直下三千尺，疑是银河落九天""轮台九月风夜吼，一川碎石大如斗，随风满地石乱走"，体现的都是激烈奔放的动态美，具有极强的壮美感。

恢宏豪迈、昂扬振奋的美感。从境界上看，壮美雄阔壮丽，大开大合，不同于"杨柳岸，晓风残月"之类的优美，它以巨大体积形之于外，雄伟力量灌注于内，包含一切，席卷八方，是"星垂平野阔，月涌大江流"的开阔与恢宏，是"黄河之水天上来，奔流到海不复回"的速度与气势，是"前不见古人，后不见来者"的气概与胸襟。壮美可谓气魄宏大，昂扬激越，劲健豪放，是一种既令人惊心动魄，又令人排除万难、振奋进取的美。如果优美促使人趋于平静，那么壮美则给人力量，使人昂扬振奋，积极向上。

总而言之，欣赏壮美的事物而感受到的壮美感是一种雄伟感、奋发感、进取感，可以促使我们趋向完善，具有积极的意义。说完了壮美的特点，我们再来谈谈壮美的功能。

首先，壮美感能促使我们的心胸趋于博大。从自然界的壮美感悟出自身的雄伟、壮丽、威武、坚强，使人不随波逐流，不目光短浅，而有一种"会当凌绝顶，一览众山小"的眼光和胸怀。壮美使人的气质趋向豪迈，能以宽阔的胸怀、进取的精神面对生活、面对未来。它能使人生发出一种责任感、使命感，讲责任、讲担当、讲使命、讲境界，排除万难，奋发进取，从而建功立业。壮美感的熏陶，使我们的胸襟与气度趋于博大，具有更宽容的人生态度。

其次，壮美感能促使我们的志向趋于高远。壮美感属于和谐的审美形态，不含恐惧、压抑的痛感，而主要是激昂、奋发、豪迈、乐观的快感。壮美虽然形体雄阔、力量强盛，但并非威胁人的暴力。宇宙之壮阔、人格之伟大，给人以景仰、高昂、豪迈等积极的审美体验。"天行健，君子以自强不息"，面对壮美的事物，欣赏者会产生脱离渺小、狭隘而通向博大、高远之境的道德情怀，使人心胸开阔，豁然开朗，志存高远，促使人产生更高、更远的人生追求。

壮美感的熏陶，能使人得到精神激励和心灵震荡，并形成自己的壮美追求，在奋发进取中创造辉煌人生。

图 4-6　壮美感

2　壮美的意象

举世瞩目的明万里长城西起甘肃嘉峪关，东抵辽宁丹东市，穿越沙漠戈壁、黄土高原、崇山峻岭，如一条巨龙绵延于中国北方。作为我国古代规模最大的军事防御工程，其建造与出现既反映了历代统治者的意志与决策，又反映了历代人民对生产秩序稳定、生活和平安定的期望。从某种意义上说，这也是国家的强大实力与对外防御力的象征。

长城本身富有强烈的生命节奏。这种节奏感源于自然。譬如高而为山陵，低而为溪谷，陵谷相间，岭脉蜿蜒，连绵不断。而长城把自然中的节奏以线的运动变化形式显示出来。这是一条有生命的线，神奇的线，寓奇险于朴实，藏变化于整齐。从苍茫的西北戈壁，至浩瀚的东部海滨，长城涉大河巨川，穿崇

山峻岭，跨危崖绝谷，过荒漠草原，气势恢弘、气象万千，宛如神奇巨笔挥就而成的气势磅礴的草书。而敌楼就是这草书中的顿挫，雄关是这草书中的转折，它们与长城的城墙主体浑然一体、一气呵成，形成一幅结构完整的艺术巨作。

长城的形象与气质还具有一定的精神人格的象征意义，表现出独特的审美意象。长城历史遗存从农业文明与草原游牧中间地带穿过，不仅在黄土地上留有残垣断壁，还在其不远处矗立着众多用黄土搭建的烽火台与墩台，这些土长城和烽火墩台历经500多年的风雨冲刷与侵蚀却依然昂首，浑如意志坚强的士兵们为辽阔疆域站岗放哨。一座座烽火墩台遥相呼应，似一个个历史老人守望着祖祖辈辈生活的家园，表现着长城所象征的坚韧不屈的民族精神。

图 4-7 万里长城

图 4-8　喜马拉雅山脉

在青藏高原的南部边缘，横亘着一条东西向的喜马拉雅山脉，是世界上最雄伟高大的山脉。由北而南依次为大喜马拉雅山、小喜马拉雅山和西瓦利克山等。大喜马拉雅山大部分在中国境内，平均海拔 6 000 米以上，海拔 8 000 米以上的高峰有 10 座。珠穆朗玛峰是群峰之冠，海拔 8 844.43 米，是世界第一高峰，珠穆朗玛，藏语意为"第三女神"。峰顶终年积雪，远望冰川悬垂、银峰高耸，一派圣洁景象。山峰两侧雪峰林立，仅 7 000 米以上的雪峰就有 38 座之多，其中 5 座在 8 000 米以上，它们拔地而起，摩天接云，银装素裹，冰河悬柱，构建出世界最雄奇壮观的高山自然景观，被世人誉为"地球的第三极"。珠峰脚下的人们即使远在 1 000 000 米之外，也可以看见她那金字塔形的巨大峰体。

珠峰脚下有许多规模巨大的现代冰川，刀脊、角峰、冰斗等冰川地貌分布广泛。这里是一片绮丽的冰雕世界，大自然的鬼斧神工雕出一座座高达数十米的冰塔林，千姿百态，晶莹剔透，蓝光闪耀，俨然是一方冰清玉洁、瑰丽无比的水晶世界。

雪山，碧水，青青的草原，古老的寺院，数不清的传说，这是青藏高原特有的风貌，而珠穆朗玛峰挺拔屹立于世界屋脊那高旷峻奇之地，其美丽的自然风光和变化无常的恶劣环境，更吸引了无数朝拜者和挑战者的倾慕和向往。

巍巍雪山的壮美令人心驰神往，而危岩飞瀑的壮美亦能激荡我们的灵魂。尼亚加拉瀑布位于加拿大和美国交界的尼亚加拉河中段，号称世界七大奇景之一。"尼亚加拉"在印第安语中意为"雷神之水"。尼亚加拉瀑布原本是人迹罕至、鲜为人知之地，几千年来，只有当地的印第安人知道这一自然奇观。在他们见到瀑布之前，就听到如同打雷般的声音，因此他们把它称为"Onguiaahra"（后称：Niagara），意即"巨大的水雷"。这也说明了尼亚加拉瀑布的宏伟，所发之水声如银河倾倒、万马奔腾之势，有着独有的宏伟气势，这磅礴宏伟的景象使得游客流连忘返。

进入瀑布所在的州立公园，就有涛声传来。下车步行，人随路转，宽阔的尼亚加拉河已呈现在眼前。只见河流湍急，白浪翻滚。再向前，见河中巨石嶙峋，白浪陡增。突然，河面断裂，滔滔河水前行无路，纵身一跃，跌入60米的深渊河谷。瀑流以雷霆万钧之力，撞击在纷乱巨大的岩石上，顿时雪浪飞溅，白雾腾空，随风飘荡，历久方散。放眼望向远处，更是水雾迷茫，遮岸蔽谷。透过水雾，见另一溜白瀑横陈如墙，奔涌呼啸，轰鸣震耳，令人惊心动魄。在河边登上游艇，游艇顶着汹涌的波涛向瀑墙驶去。与那神秘的瀑墙近距离接触，似可与之倾吐心中的仰慕之情。此刻，脚下船身在颠簸，头上不时有浪花劈头盖脸洒来。面对雪浪飞湍、万斛俱倾的排山倒海气势，人们不禁魂悸魄动，周身热血沸腾，也许只有在这个时刻，你才会深深地体会到印第安人所说"雷神之水"的含义。

图 4-9　尼亚加拉瀑布

一道亮丽的彩虹悬浮在空中。尼亚加拉瀑布仿佛是在大声诵读，向人们炫耀英国著名作家查尔斯·狄更斯描写它的那段优美文字："即使特纳在其全盛时期创作的最佳水彩画，也未能表现出我所看到的如此清灵，如此虚幻，而又如此辉煌的色彩。我感到自己像是腾空飞起，进入天堂。"①

注释

①谈大正.尼亚加拉瀑布探胜[J].华人时刊.1996（11）.有删改。

图 4-10　瀑布飞虹

艺术领域的壮美则于小处见大，于瞬间铸就永恒，令人回味无穷。

书法一直在我国的历史长河中散发着永恒的艺术魅力。在灿若星河的书法家中，唐代书法家颜真卿可谓是独树一帜，他所创立的"颜体"内烈外刚、奔放劲健，由内而外散发着一股阳刚的气质，给人以强烈的壮美感。

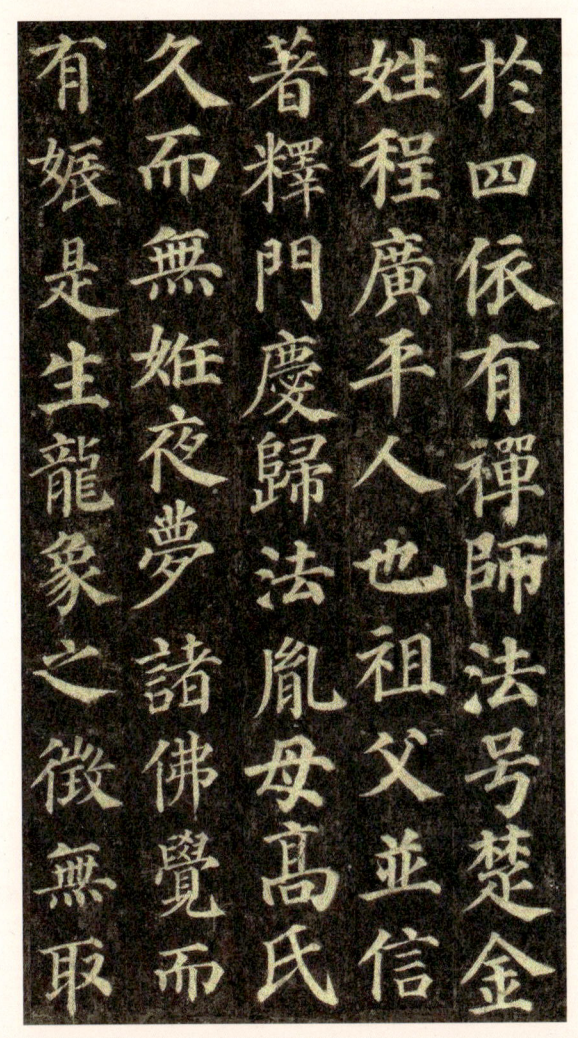

图4-11 颜真卿书法

颜真卿

709—784年，字清臣，小名羡门子，别号应方，京兆万年（今陕西西安）人，祖籍琅玡临沂（今山东临沂）。唐代名臣，杰出的书法家。其正楷端庄雄伟，行书气势遒劲，创"颜体"楷书，对后世影响很大。颜真卿与赵孟頫、柳公权、欧阳询并称为"楷书四大家"，又与柳公权并称"颜柳"。颜真卿的书法筋力丰满，气派雍容堂正；柳公权的书法侧重骨力劲健，所以又有"颜筋柳骨"的称谓。

四 黄河之水天上来

颜真卿的代表作中，《郭家庙碑》雍容大气；《麻姑仙坛记》结构精悍，浑厚庄严，饶有趣味；摩崖刻石《大唐中兴颂》是颜真卿最大的楷书碑，书法方正平稳，筋骨内藏；《元结碑》气息深厚雄健，充沛博大；《干禄字书》在很强的颜体风格特征上显示出舒和持重的气度；《李玄靖碑》笔力遒劲，又有细瘦笔画的面貌；《颜勤礼碑》可谓碑刻中最能体现原迹神韵的作品，雄迈清整；《颜氏家庙碑》书法筋力丰厚，亦是其晚年代表作。

颜书以中锋行笔，圆转藏锋。横画形成蚕头燕尾，直画则成弓弩蓄势之形。笔画横细竖粗，特征明显。捺笔则表现出一波三折的节奏。颜书在浑朴老辣中充沛鲜活的生机，在疏朗平淡中显示出质朴繁茂的风姿。笔锋得意处，功力炉火纯青；圆润丰腴（yú）中，气度英伟豪迈。颜真卿壮美的书法特征来源于盛唐时代的社会精神风貌和艺术审美品格。时代造就了颜真卿，颜真卿的书法也映射出一个有血有肉、气度恢宏的盛唐时代。

同样是艺术，属于听觉艺术的壮美音乐则会让人激情飞扬，产生无限的遐想。

贝多芬是德国最伟大的音乐家之一，他的一生创作颇丰，在交响曲、钢琴奏鸣曲、小提琴奏鸣曲等方面均有建树。《命运交响曲》又名《c小调第五交响曲》，是贝多芬经历了前所未有的肉体与精神的生死考验，从茫然无措和忧郁失望中镇定下来后的产物，也是最能代表贝多芬艺术风格的作品。《命运交响曲》结构层次分明，士气震撼人心，形象鲜明生动。全曲共有四个乐章，各乐章之间具有十分紧密的内在联系，又有明显的区分。整部作品富有强烈的艺术感染力。它气势宏伟，音乐高亢，情绪高昂，是贝多芬一生中的巅峰之作。

路德维希·凡·贝多芬

1770—1827年，德国杰出的音乐家，西方音乐史上最伟大的作曲家之一。他的作品对西方音乐的发展有着非常深远的影响，因此被尊称为"乐圣"和"交响乐之王"。

图 4-12　演奏中的乐队

　　第一乐章节奏欢快有力,旋律跌宕起伏。类似敲门的声音,处处表现命运的痕迹,命运的动机贯穿其中。这一动机体现了人们在抗争前夕内心躁动、惶恐不安的情绪,这一情绪贯穿着第一乐章,使得第一乐章整体充满着力量,表现出勇往直前的信心和决心,表现出人们对现实生活的强烈不满以及和命运抗争到底的坚定决心。第二乐章稍快的行板以及双重变奏的主题,使这个乐章变得充满活力。第一主题安详、沉稳、抒情。抗争前夕片刻的宁静预示着更猛烈的、更疯狂的、歇斯底里的爆发。紧接着,单簧管和大管奏出了战斗号召性的第二主题,这个主题的音调与第一主题很接近,并与法国革命时期的歌曲有音调上的联系。这是进行曲风格的英雄主题,它起初抒情而沉思,后成为一支雄伟的凯旋进行曲,充满着火热的朝气,鼓舞着人们勇往直前。第三乐章大提琴和低音提琴旋律沉重优美,小提琴声音高亢明亮,比喻了战争前夕双方力量的对比,本章是快板、诙谐曲。黑暗总会成为过去,人们即将迎来光明的生活。战争中的人民在欢快的舞蹈声中士气激昂,激流勇进,表现出乐观的心态。第四乐章第一主题是大合奏演奏出来的,其内容大气恢宏,风格豪迈雄伟。先由弦乐拉出欢乐的第二主题,表现人们获得胜利时无比欢庆的心情,战争以光明而彻底的胜利告终。到发展部的高潮时,狂欢突然中断,远远地又响起命运的威吓声,但已是苟延残喘,再也无法阻挡历史前进的潮流了。大气恢宏的第一主题紧接着跟上,豪迈的风格预示着人们在这场战斗中取得了胜利。所有的人过着幸福

四　黄河之水天上来

图 4-13　贝多芬广场

安定的生活。①

　　《命运交响曲》创造了一个英雄时代的英雄音乐。贝多芬用刚劲有力的音乐全力颂扬"人有权决定自身命运"这一时代信念。他创造了一种前无古人、后无来者的英雄风格。《命运交响曲》既反映了贝多芬自己面对命运不公时的顽强抗争心态,也隐喻千千万万的人不甘束缚、勇于挣脱命运枷锁的历程。正是因为切合了他所处的那个特定历史时代的背景,作品才有了更长久的生命力、更持续的延展度。这正是为什么几百年来有许多人可以从《命运交响曲》中获取力量,鼓起勇气面对生活压力、人生挑战的重要原因!可以说,《命运交响曲》代表了贝多芬的精神,更代表了人类永不向自身妥协的精神!

注释

①曲佳音、张薇. 贝多芬《命运交响曲》潜在的音乐神韵 [J]. 科技视界 2015(15):99-182. 有删改。

3　审美体验园

> **训练一**
>
> 　　日出，无疑是自然界中最为雄伟壮丽的景色之一，被古往今来的诗人、作家赞颂过许多次，因为日出的美丽是永远也说不完、道不尽的。下面，我们就来欣赏著名作家刘白羽先生的散文《日出》，感受作家用文字为我们带来的强烈壮美感。

日出（节选）

刘白羽

　　当飞机起飞时，下面还是黑沉沉的深夜，上空却已游动着一线微明，它如同一条狭窄的暗红色长带，带子的上面露出一片清冷的淡蓝色晨曦，晨曦上面高悬着一颗明亮的启明星。飞机不断向上飞翔，愈升愈高，也不知穿过多少云层，远远抛开那黑沉沉的地面。飞机好像唯恐惊醒人们的安眠，马达声特别轻柔，两翼非常平稳。这时间，那条红带，却慢慢在扩大，像一片红云了，像一片红海了。暗红色的光发亮了，它向天穹上展开，把夜空愈抬愈远，而且把它们映红了。下面呢？却还像苍莽的大地一样，黑色无边。这是晨光与黑夜交替的时刻，这是即将过去的世界与即将到来的世界交替的时刻。你乍看上去，黑夜还似乎强大无边，可是一转眼，清冷的晨曦变为磁蓝色的光芒。原来的红海上簇拥出一堆堆墨蓝色云霞。一个奇迹就在这时诞生了。突然间从墨蓝色云霞里蠢起一道细细的抛物线，这线红得透亮，闪着金光，如同沸腾的溶液一下抛溅上去，然后像一支火箭一直向上冲，这时我才恍然大悟，原来这就是光明的白昼由夜空中迸射出来的一刹那。然后在几条墨蓝色云霞的隙缝里闪出几个更红更亮的小片。开始我很惊奇，不知这是什么？再一看，几个小片冲破云霞，密接起来，融合起来，飞跃而出，原来是太阳出来了。它晶光耀眼，火一般鲜红，火一般强烈，不知不觉，所有暗影立刻都被它照明了，一眨眼工夫，我看见飞机的翅膀红了，窗玻璃红了，机舱座里第一个酣睡者的面孔红了。这时一切一切都宁静极了，宁静极了。整个宇宙就像刚诞生婴儿的母亲一样温柔、安静，充满清新、幸福之感。再向下看，云层像灰色急流，在滚滚流开，好让光线投到大地上去，使整个世界大放光明。

图 4-14　海上日出

训练二

　　寻找离家较近的一处日出观测点，观测一次日出，拍下照片，并用文字记录下日出的全过程。

五

图 5-1　米老鼠玩偶

错位中的秘密
——喜剧

《米老鼠和唐老鸭》堪称全世界最家喻户晓的动画片。片中以米老鼠、唐老鸭、高飞等主角的活动为主要线索，通过它们一系列的滑稽遭遇，运用拟人的手法和心理学、生物学、物理学、哲学等各种原理，向观众展现了一个个幽默的、令人捧腹的、具有高度艺术性的小品段落，这部卡通所塑造的经典喜剧形象至今仍然深受全世界观众的喜爱，经久不衰。

1　什么是喜剧

　　作为美学意义上的喜剧，是同悲剧相对应的，不同于一般意义上戏剧形式的喜剧，而是具有更加广泛的意义。我们这里所讲的喜剧，也不是指戏剧的一种类型，而是指一种重要的审美类型。它不仅包括舞台上的喜剧，也包括影视、相声、小品、漫画、小说中的喜剧作品，还包括生活当中令人发笑的场景或元素。

　　究竟什么是喜剧呢？鲁迅先生讲过："喜剧是将那无价值的撕破给人看。"这就是说，滑稽可笑的人物或事物披上了一件令人炫目的漂亮外衣，以此来掩盖自己的庸俗或丑恶，而当这件漂亮的外衣被撕破或被剥去时，不仅暴露出自己的本质、原形，而且当众受到嘲弄、讽刺和否定。从这个意义上讲，喜剧是

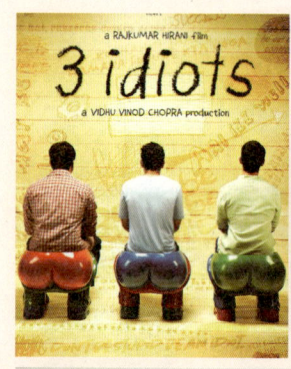

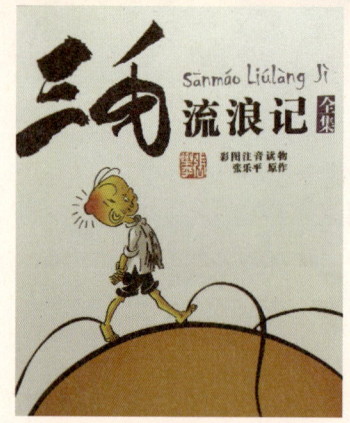

图 5-2　不同形式的喜剧[①]

注释

[①]《三毛流浪记》图片选自少年儿童出版社 2013.10 版封面图

一种突显了内容与形式、本质与现象、目的与手段之间的不协调或不和谐，使人发笑的审美类型。例如，一个男性身穿女性的服装，一个成人大胖子身穿一件婴儿的红肚兜，这些构成了内容与形式的错位；莫里哀《伪君子》中答尔丢夫表面的正人君子形象和实质的贪财好色形成了现象与本质的错位；"烽火戏诸侯"中幽王为了博得褒（bāo）姒（sì）一笑这一荒谬的目的，而采用了燃起烽烟调集诸侯这一严肃的手段，是目的与手段的错位。正是这些错位结构，引发了强烈的喜剧效果。

作为审美类型的喜剧，虽然也包括现实生活中的喜剧性事件和人物，但它主要还是指分布在文学艺术门类和领域中的喜剧性艺术。除了戏剧之外，喜剧性艺术也表现在雕塑（如我国东汉雕塑《说书俑》）、绘画（如当代画家方成的漫画《武大郎开店》）、文学（如苏联著名诗人马雅可夫斯基的政治讽刺诗《开会迷》）、电影（如中国的《疯狂的石头》和美国的《摩登时代》）等许多艺术门类与领域之中。

再来说喜剧的功能价值。一方面，面对喜剧对象，常常会引起我们鄙夷不屑、自感荣耀、轻松欣喜的心理反应。滑稽感的熏陶使人脱离丑行和愚行，趋向完善与智慧。人们在对其揶揄嘲笑时也会比照自省，避免那种可笑的丑行和愚行。这就意味着在感知滑稽的事物的过程中，人们能逐步养成告别愚行、丑行，以力求完善自身的道德意识。对滑稽的事物进行欣赏，感知其中的错位，避免自己成为可笑的对象，不至于将卑贱、猥琐、空虚、荒唐伪装起来，失去真诚而变得滑稽。如果说悲剧重在正面示范，使人的道德精神升华，趋向崇高，那么喜剧则侧重反面激发，对照自省，同样能使人的道德意识得到净化，趋向完善与聪慧。就这一点而言，喜剧对人精神的升华和净化效应与悲剧是殊途同归的。

图 5-3 《说书俑》

五 错位中的秘密 083

喜剧有利于培养人的乐观旷达的审美心理和幽默的人生态度，使人眼界开阔、心胸宽广，能在平凡中认识深刻的价值，让生活充满情趣。具有幽默感的人乐观豁达、包容万象，在微笑中面对生活。幽默与乐观还使人在波折面前泰然处之，对某些令人尴尬的境遇、缺陷、失误付诸一笑。因为它以人类社会的进步力量为依托，从人类文化的精神财富中汲取了力量，所以能令人清醒坦然地解决面临的矛盾，笑对生活，这是喜剧这一审美类型的情感体现。喜剧对于培育、增强人的幽默审美心理和人生态度，可以发挥很好的作用。

图 5-4　喜剧令人微笑面对生活

2　喜剧的意象

喜剧的喜剧效果主要是由内容与形式的错位结构引起的，因此，根据错位结构的不同表现，我们可以把喜剧的美感类型分为讽刺、机智、幽默三类。

讽刺类喜剧一般以社会生活中的否定事物为对象，将丑的内容与本质用美的形式和现象来加以掩盖，结果弄巧成拙，进一步暴露了其本来面目，引起人们对它的嘲笑与讽刺，产生喜剧性效果。俄国著名作家果戈理的《钦差大臣》就是讽刺类喜剧的代表作品之一。

《钦差大臣》讲述了一名叫赫列斯塔科夫的纨绔子弟因拖欠房租和餐费被困于旅店的故事。阴差阳错之下，当地的官员把他误当作钦差大臣，对他百般恭维。赫列斯塔科夫在戏耍官员、向官员借了大量的钱财之后快乐地离开。当有人报告真正的钦差大臣要来了时，众多官员非常生气，呆若木鸡。这是一部有着强烈讽刺意味的喜剧，它的讽刺艺术集中，运用了夸张的人物性格塑造和多种讽刺手法、讽刺语言。

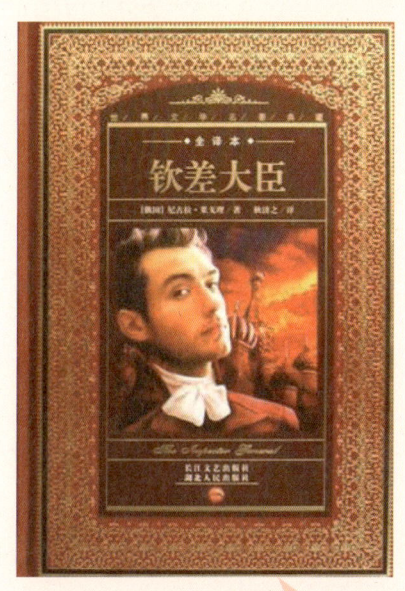

图 5-5　小说《钦差大臣》 图片选自花城出版社，2015 年版《世界文学名著典藏·全译本：钦差大臣》

尼古莱·瓦西里耶维奇·果戈理·亚诺夫斯基

1809—1852 年，笔名果戈理，俄国 19 世纪前半叶优秀的讽刺作家、讽刺文学流派的开拓者、批判现实主义文学的奠基人，代表作有《死魂灵》（或译：《死农奴》）和《钦差大臣》。

五　错位中的秘密

图 5-6　话剧《钦差大臣》

《钦差大臣》中出场的几乎都是反面人物，通过展现这些人物鲜明、独特的性格引起人们的感叹，如市长的贪心、"钦差大臣"的吹嘘，果戈理用浓墨重彩刻画和漫画性写法反复渲染，令人拍案叫绝。果戈理对丑陋的人物形象进行淋漓尽致的描写，让丑化为美。这部以丑为美的主题喜剧让人充分享受丑的审美趣味。例如，众官员与赫列斯塔科夫接触之后，正面交锋，自我吹捧成为他们攻击和防守的重要手段。赫列斯塔科夫的自吹自擂使其带有独特的气质，他甚至不假思索、信口开河、荒诞滑稽，为了证明自己文采斐然，他在社交场合说："普希金跟我很有交情……我创作的《费加罗的婚礼》《魔鬼罗伯特》《莫斯科电讯报》……全是我写的。"他还说，很多文学杂志专栏都是他写的。"钦差大臣"非常讲究排场，他吃的食物必须从巴黎运过来，"西瓜就要六百卢布，汤是巴黎运过来"。还夸张地说："真的，我走过办公厅就跟地震一样……我可不喜欢打哈哈，我给了他们所有的人严厉的警告，我对大家说：'我要怎么办就能怎么办，我到处都吃得开，我每天进宫，说不定明天我就会被提升做元帅。'"假钦差大臣不断用第一人称"我"夸耀自己,然后不断用这个词,能够给人造成一种印象。这一修辞手段描绘了人物各自吹嘘到离奇、厚颜无耻的程度,官僚阶层的丑陋嘴脸可见一斑。

　　这些丑陋的行为表面上滑稽可笑,其实正暴露了其丑恶的本质。但是丑并非在任何情况下都是具有喜剧效果的,只有当人物性格把丑陋当成美来作为炫耀的资本时,丑陋才会成为真正的滑稽剧。人物在剧中的自我炫耀带有一定的矛盾性,本质是荒唐可笑的。自我炫耀折射出的往往是丑陋的真实,它不但不能掩盖事物的本来面目,反而更多地揭露出了丑陋的真相。

　　同样是讽刺类喜剧,《儒林外史》是我国古典小说讽刺艺术的高峰。其中《范进中举》的故事,见于小说的第三回,是《儒林外史》中写得最精彩的片段之一。小说讲述了发生在科举时期的故事,主人公范进从二十岁开始应考,年年进考场,直到五十四岁才中秀才,紧接着中了举人。这一突如其来的命运变化,引出了一幕幕令人啼笑皆非的悲喜剧。作者以黑色幽默的笔法写范进中秀才、中举和喜极而疯的经过,一针见血地揭示了科举制度的弊端。

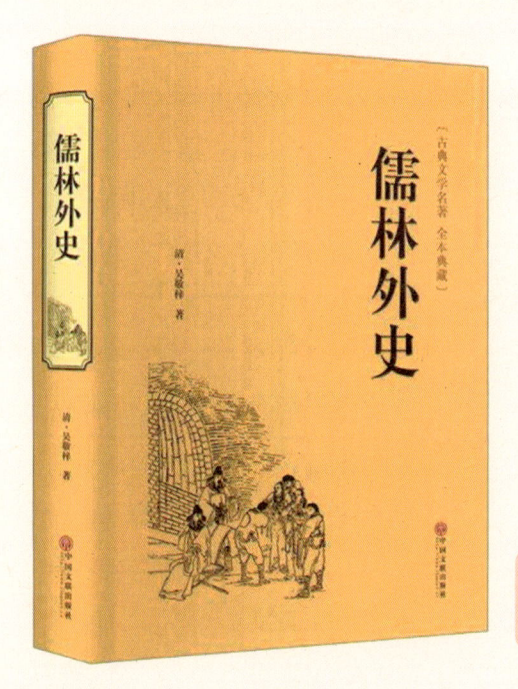

图 5-7 《儒林外史》:中国文联出版社,2016.10,第 1 版

范进穷尽大半生的精力于科举考试，直到五十四岁才中秀才，他宁可让家人挨饿也要再去应考。直至中举，他竟然欢喜得发了疯，这是范进热衷功名最具体的表现。胡屠户盛气凌人地辱骂他，他也只是唯唯诺诺。他向胡屠户借盘缠，胡屠户用不堪入耳的话语骂他，甚至骂他母亲，他也毫不生气，充分表现出范进逆来顺受、怯懦麻木的性格。家里穷得无饭吃，范进手足无措，要等母亲吩咐，才慌忙出去卖鸡，可是他在集上一踱一步，东张西望，老半天仍然没有把鸡卖出，证明他平日只埋头读书，缺乏谋生技能。如此描绘本身就是辛辣的讽刺。作者给我们生动地展示了手无缚鸡之力、身无一技之长的古代读书人的形象，尖锐地讽刺和揭露了封建统治者对知识分子的笼络和摧残。

而作者在刻画另一位主要人物胡屠户的丑恶嘴脸时，生动地运用了讽刺和夸张的手法，胡屠户为治范进的疯病打了范进一个嘴巴，但"心里到底还是怕的，那手早颤起来，不敢打到第二下"，后来，"不觉那只手隐隐地疼将起来；自己看时，把个巴掌仰着，再也弯不过来"。范进中举之前，胡屠户对他是那样凶神恶煞，百般践踏；范进中举之后，在胡屠户眼里他立即成了"老爷""天上的星宿""是打不得的"，打了一下就连手也弯不过来了。

通过这些讽刺和夸张的描写，胡屠户的趋炎附势、庸俗无耻的势利相就跃然纸上，同时，还表现了胡屠户这样的底层劳动者也同样深受封建科举制度的毒害，进一步揭露了科举制度的罪恶。《儒林外史》的突出成就正是在于对现实做喜剧

图 5-8 得知高中后欢喜致疯。图片出自人民文学出版社《儒林外史》1958 年版

性的讽刺揭示，来表现假、恶、丑的可笑、可鄙、可悲。

在肯定型喜剧的正面人物身上，"机智"表现得比较突出。他们往往具有高尚的情操和生机勃勃的活力，善良、勇敢、聪明、快乐，在与邪恶势力的斗争中以智取胜，或旁敲侧击，或避实就虚，或正话反说，或寓庄于谐，在嬉笑的同时道出真知灼见，从而达到情理之中、意料之外的喜剧性效果。

威廉·莎士比亚的《威尼斯商人》是一部充满喜剧美的伟大著作。《威尼斯商人》以"一磅肉"的故事为主线，以"三个匣子"的故事和夏洛克女儿的故事为副线，通过威尼斯商人安东尼奥与高利贷者夏洛克之间为一磅肉而展开的矛盾冲突，描写了正义、仁慈、慷慨、无私对贪婪、残暴、自私、狠毒展开斗争并取得胜利的喜剧情节，歌颂了青年男女间深厚的友谊、真挚的爱情和以仁爱为本的人道精神，抨击了高利

图 5-9 《威尼斯商人》电影海报

威廉·莎士比亚

1564—1616 年，英国文学史上最杰出的戏剧家，也是欧洲文艺复兴时期最重要、最伟大的作家，全世界最卓越的文学家之一，代表作有《奥赛罗》《哈姆雷特》《李尔王》和《麦克白》等。

五 错位中的秘密　089

贷者的冷酷、自私与贪婪，深刻地反映了当时英国的社会现实和本质。

在"一磅肉"的故事主线中，作者集中表现了女主角鲍西娅的机智勇敢与足智多谋，营造出良好的喜剧效果。而高利贷者夏洛克，极度的贪婪使他变得十分阴险狠毒，他诱使安东尼奥签下了"一磅肉契约"，不能还钱时便要从身上割下一磅肉来偿还。就在戏剧冲突发展到了不可开交的关口，讲义气、才智非凡的鲍西娅女扮男装以法律博士的身份出场了，她以请君入瓮的方法让夏洛克自己钻进死胡同，只准夏洛克割下一磅肉，但规定不能多也不能少，也不准流血，结果使夏洛克在法庭上败诉破产。作者在幽默风趣中有力地揭露和批判了贪婪狠毒的高利贷剥削者，赞扬了鲍西娅的学问深厚、机智敏锐、足智多谋、见义勇为、有胆有识。

幽默型喜剧从机智出发，通过夸张、象征、谐音等手法，对生活中不合理的现象加以解释并做含蓄的批评。与讽刺的辛辣尖锐相比，幽默较为温和、轻松；与讽刺的严肃认真相比，幽默较为自由、欢快，会使人产生会心的微笑。

电影艺术家卓别林成长于默片喜剧的"黄金时代"。作为电影艺术史上公

图 5-10 卓别林

认的喜剧艺术大师，卓别林通过对现实生活的敏锐观察，用其夸张的肢体语言，匠心独运地塑造了一名头戴绅士礼帽、手握拐杖、经常一贫如洗却能够始终如一地保持着绅士风度和善良天性的流浪汉形象。他以卓越的哑剧表演天赋和丰富的面部表情，加入些许杂技动作和夸张的肢体表演，这种诙谐、夸张的喜剧表现形式使观众发笑。在卓别林的喜剧电影中，这位滑稽可笑、处处倒霉的男主角不但让一代又一代的观众捧腹大笑，而且在观众为他遭遇的窘境大笑过后，却总有那么一瞬间戳中观众心里最柔弱的地方，让我们情不自禁地为这个小丑式的流浪汉潸然泪下。卓别林先生所关注和塑造的流浪汉这种"小人物"形象，不但是他凄苦的幼年时期的反映，同时也融入了他自身的政治理念、对当时资本主义社会的深刻批判以及作为艺术家的人道主义精神。正是因为卓别林先生这种"达则兼济天下"的艺术境界，成就了他在世界喜剧电影历史上让后人难以企及的艺术高峰。

图 5-11　卓别林《城市之光》剧照

图 5-12　卓别林在《淘金记》中经典的吃皮靴场景

在《城市之光》中，流浪汉夏尔洛手持文明棍，抽着烟斗，但他走起路来却形同企鹅跳舞，过着食不果腹的底层劳动人民的生活。这种强烈的反差加上一系列噱头、滑稽的表演，不禁令观众捧腹不已，然而大笑之后，又不得不对夏尔洛所代表的流浪汉阶层的悲惨处境产生一系列的有关社会制度、道德方面的种种思考，触动观众的同情心，寄托一定的悲悯的人文关怀，是一种"含泪"的同情。纵观卓别林的系列作品，滑稽幽默且夸张的表演无处不在，其经典影片《淘金记》中的戏剧场面就很多。卓别林设计营造了独特的悲喜剧风格：幽默夸张，又不乏苦涩之感，其中最典型的就是主人公在饥饿的情况下津津有味地吃皮靴的场面。卓别林利用皮靴和食物的某些相似之处，在动作设计上融入了日常饮食的举动：把靴带像通心粉一般地缠绕在刀叉上，将靴帮的铁钉如啜鱼骨头一般地吮了又吮。这些动作的准确模仿无形中调动了观众的日常生活经验，将高雅的饮食习惯与嚼皮靴的奇特场面相结合，喜剧效果油然而生。更重要的是，在这个令人捧腹大笑的画面中，观众对主人公遭遇的窘迫处境有了强烈的感受和深切的同情。

卓别林的喜剧并不是肤浅的，不是单纯以逗乐观众为目的的滑稽低俗的"闹剧"，而是蕴含了深刻的思想主题。那就是通过夸张的风格，以独特的喜剧表演形式尖锐地控诉当时资本主义社会的虚伪和罪恶，对普通小人物始终抱有深切的同情与支持，借用喜剧传递着对美好未来和幸福生活的期望与追求。

受到观众喜爱的不仅有西方的讽刺喜剧，充满着东方智慧的当代国产喜剧同样精彩。情景喜剧《武林外传》自2006年在中央电视台电视剧频道开播以来，就受到了中国观众的广泛欢迎，被广大观众称为"近几年最出色的国产情景喜剧"。

图 5-13　《武林外传》剧照

《武林外传》的故事发生在明代地处关中的一个无名小镇——七侠镇上，讲述了以掌柜佟湘玉为首的同福客栈班底的种种"江湖"经历。剧情相对集中地在客栈的几间房子和院落中展开。这客栈中的主要人物有跑堂的白展堂、打杂的郭芙蓉、厨子李大嘴、会算账的吕秀才、寄宿客栈的祝无双、活泼可爱的莫小贝，还有两位捕快——老邢和小六。剧中人物都有鲜明的个性标志，如女掌柜佟湘玉风情万种却又婆婆妈妈、小气抠门；白展堂是个盗贼，会点穴（最擅长的招数是"葵花点穴手"），实际上却是个胆小如鼠的男人。这样一群性格各异的年轻人一起在同福客栈经历了江湖上的各种风险和传奇，尝遍人间冷暖，见证了成长过程中的酸甜苦辣，体会了亲情、友情与爱情，只是剧中的"江湖"不再是传统意义上的那种充满血雨腥风的"江湖"，而是一种世俗化了的、普通人成长过程中所必须经历的"江湖"。

图 5-14 《武林外传》剧照

3　审美体验园

训练一

　　阅读下面的文章,尝试用文中所提到的"嫁接"方法写一个喜剧小故事。

喜剧创作技巧：学会"嫁接"

我们已经了解了喜剧是什么，那么有没有更具体的创作喜剧的方法呢？下面我们就来探讨一种常见的喜剧创作技巧——嫁接。

我们知道故事的三要素：人物、人物关系、故事背景。如果我们设置好了人物，设置好了人物关系，把他们放在不同的故事背景之中，就会产生不同的故事。

如果我们想创作一出喜剧，那么我们可以把原来的人物和人物关系放置在一个原本并不适合它的故事背景之中。这样一来，人物和背景之间就会具备强烈的不协调性，有了强烈的不协调性，喜剧效果就出来了。

案例：电影《少林足球》

少林功夫与足球运动是两种完全不同的题材类型，但是让足球运动员会少林功夫，或者让会功夫的少林弟子去踢球，这就具备了不协调性。而且作为一项多人参与的竞技体育项目，这种设计具备天然的戏剧性，可以设计出很多好玩好看的场景。

足球片+功夫片的组合，将两个元素进行了嫁接，生成了一个新的元素。这也是一种结构元素上的嫁接，两种元素恰到好处的嫁接，使得故事在整体结构上具备了天然的喜感。

嫁接有两种方式，一种是把原来的故事放到一个特别的情境里；另一种方式则是让新的元素接入现在的情境里。无论是哪种方式，其本质就是在制造"脱轨"，制造了"脱轨"，就制造出了不协调性，有了不协调性就有了喜感。

训练二

　　找出你喜欢的几部喜剧电影,看看它们是否具备"错位结构",说说它们是如何制造"错位结构"的?

六

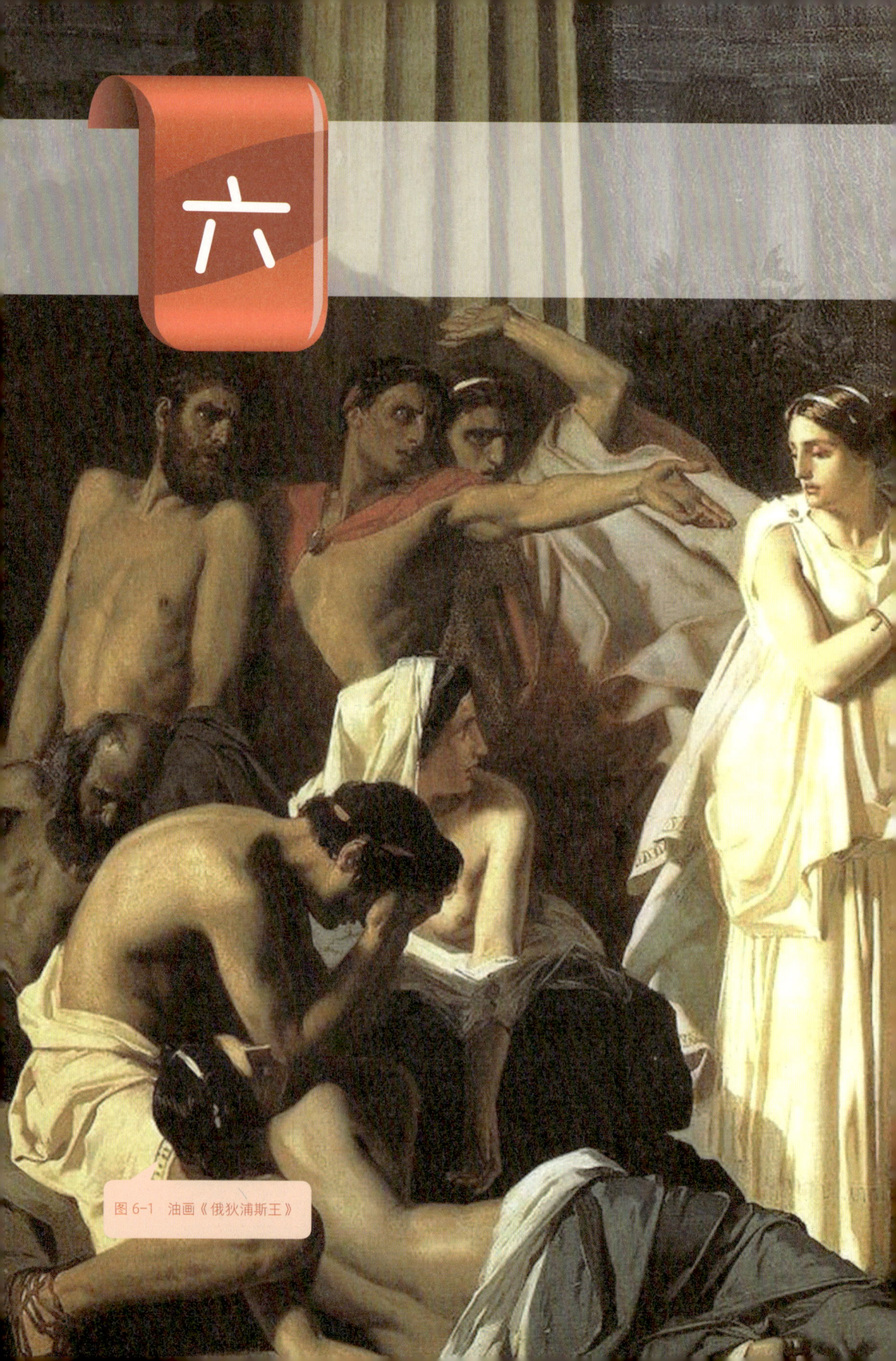

图 6-1 油画《俄狄浦斯王》

理想与现实的悖论
——悲剧

悲剧渊源于古希腊，由酒神节祭祷仪式中的酒神（狄奥尼索斯）颂歌演变而来。古希腊孕育了三大悲剧家——埃斯库罗斯、索福克勒斯、欧里庇得斯，在他们所写的悲剧作品中，主人公不可避免地遭受挫折，受尽磨难，甚至失败丧命。但这种不可逃避的厄运与苦难，仿佛正是我们人类生活的镜子和象征，严肃而深刻地引导我们直面生命的困厄，感受精神的苦痛，探索生命的本真，从而使悲剧具有撼动人心、促进人类进步的美学魅力。

1　什么是悲剧

　　作为审美类型的悲剧，与喜剧相对应，它不同于一般意义上的戏剧形式的悲剧，而是具有更加广泛的意义。因此，我们这里所说的悲剧，不是指戏剧的一种类型，而是作为一种重要的审美类型，渗透到文学艺术的各个门类和领域。

　　悲剧是指把有价值的东西毁灭给人看，从而引起人们的悲伤、愤怒以及正义感等心理体验的审美形式。有价值的东西是人们最珍惜的，但是把它毁灭了，而且把它被摧毁的模样拿给你看，这不能不引起人们的悲哀、悲伤以及对毁灭者的愤恨和愤怒之情，从而激发为受害者鸣不平的正义感。例如火山爆发、地震使人们感受到失去亲人的痛苦。

　　其实，悲剧不仅仅指自然灾害给人带来的伤害和痛苦，它更是艺术的一个表现种类，它表现在戏剧、小说、影视、相声、小品等艺术作品上。比如莎士比亚的《哈姆雷特》、电影《魂断蓝桥》、戏剧《雷雨》，美学意义上的悲剧更多地着眼于悲剧的审美效果。

图 6-2　《哈姆雷特》电影海报

图 6-3 《魂断蓝桥》电影海报

电影《魂断蓝桥》是电影史上三大凄美爱情悲剧之一。它讲述了一个令人潸然泪下的爱情故事。电影里的男女主人公在一次偶遇中一见钟情，坠入爱河后却因战争而不得不分离，最后当两人终于能够重逢，却又要面对无法相守终身的无奈。

我们欣赏悲剧艺术时总会引发悲伤、悲痛、悲哀、悲愤、悲戚之情，有时甚至会感伤流泪，或失声痛哭。这样看来，悲剧似乎总给人带来难受、痛苦的感觉，为什么人们仍然乐意欣赏悲剧（悲剧性的电影、戏剧、文学作品）呢？

悲剧给人的刺激往往是强烈而又深沉的，其心理功能也是相当复杂的。它一方面给人带来无限的悲痛和哀伤，使人为之流泪；另一方面又使人化悲痛为力量，振奋精神、奋发向上、激励斗志、净化思想，让人深刻地感受到愉快的审美体验，而且似乎是痛苦越大、泪水越多，我们所获得的审美愉快就越多。这绝对不是一种"幸灾乐祸"的心理，而是"因为在痛苦与审美之间潜藏着一个重要的环节，那就是人们面对悲剧的痛苦和不幸时不得不去思索"，沉思其悲剧后面的原因。

六 理想与现实的悖论

例如，我们在欣赏《窦娥冤》时，强烈地感受到窦娥被诬蔑杀人的冤屈，激起我们去反思这一悲剧背后的原因（封建势力横行霸道、欺压百姓的种种恶行），从而真正地感受悲剧美所产生的激励作用。又如革命烈士、解放军战士面对敌人时临危不惧、奋勇杀敌的牺牲精神。只有能够思索的人才能欣赏悲剧，思索悲剧所引起的美感及哲学的启示、警示，从而洗礼和净化人的灵魂。如果我们经常接触悲剧、思索悲剧，便会形成凝重、深沉、坚毅的性格。

我们之所以对悲剧人物充满同情和哀怜，是因为我们对他们的美好品质充满热爱；我们之所以对悲剧人物的灾难和死亡感到恐惧，是因为我们对他们伟大且正义的行为充满崇敬。因此，悲剧唤起的沉痛、悲悯、恐惧，不是把人引向悲观与消沉，而是使人得到激励和振奋，得到美好的情感陶冶，得到精神境界的提高，从而产生美感的愉悦。

就如下图的雕像，从他们的眼神中流露出毫不畏惧和勇于牺牲的精神，即便前方有千军万马，也依然积极应对，纵使抛头颅、洒热血也在所不惜，那是何等的悲壮！

图 6-4 人民英雄纪念碑上的大型浮雕

2　悲剧的意象

悲剧是在毁灭的形式中肯定有价值的东西，同时也是对丑恶事物的揭露。这种揭露和喜剧中对丑恶事物的揭露有所不同。一般来说，喜剧是撕掉美的外衣，揭露丑的本质，引起人们发笑；而悲剧则是通过美好事物的毁灭去揭露丑恶。悲剧的性质虽相同，但不同的人有不同的悲剧，由此引起的内心感受和审美效果也不尽相同。

英雄人物和伟大人物的悲，以及由它所引起的悲愤和正义感，最容易将人推向崇高悲壮的境界，也被称为悲壮的美，例如古希腊神话故事《被缚的普罗米修斯》。万众之神宙斯要毁灭人类，禁止人类用火，使人类长期处于黑暗与寒冷之中。而天神普罗米修斯热爱着人类，因此，他偷取天国的火种并将其带到人间，同时，他为人类带去丰富的知识，打开人类的智慧之门，将人类带入文明之城，拯救了人类。

图 6-5　《被缚的普罗米修斯》

埃斯库罗斯

埃斯库罗斯（公元前525年—前456年），古希腊著名的悲剧诗人，与索福克勒斯和欧里庇得斯一起被称为古希腊最伟大的悲剧作家。埃斯库罗斯根据统治阶级王朝或家族内部的矛盾冲突，创作出人类文明史上波澜壮阔的史诗式戏剧。有"悲剧之父""有强烈倾向的诗人"的美誉。代表作有《被缚的普罗米修斯》《阿伽门农》《善好者》（或称《复仇女神》）等。

普罗米修斯解救人类的行为惹怒了宙斯，于是，宙斯下令将他锁在寒冷高峭的高加索悬崖上。他戴着镣铐终日暴露在烈日与风雨下，忍受烈日的炙烤和风雨的凄寒，同时，还忍受着老鹰的百般蹂躏。老鹰那锋利的爪子按在普罗米修斯的脸和腹部，犹如一把锋利的刀笔直地刺入了普罗米修斯的心脏，血花飞溅、鲜血直流，以致普罗米修斯精神不济、体力不支，就连凛冽的寒风拍打在他脸上时，都只能任它肆意妄为，毫无还击之力。他痛苦地喊叫，仿佛世界所有的角落都能听见这位为拯救人类而牺牲自己的勇士悲怆的呼喊。他与无尽的黑夜相伴，独自忍受寒冷与黑暗的煎熬，日复一日、年复一年，整整被折磨了三万年。

普罗米修斯热爱并同情人类，为人类的幸福不惜违抗天命，他无视最高神的威严，在残酷的镇压下，英勇斗争，直到毁灭。他的悲剧展现的是人与神、与命运的冲突，我们从普罗米修斯身上体会到人类必胜的前景。悲剧的表现实际上是对伟大崇高的人的摧毁，但更表现出无法被摧毁的人的伟大崇高。正是人的伟大与崇高，给人们带来了强烈的审美愉快，使人感受到振奋与兴奋，感受到了美！

英雄人物有英雄人物的悲剧，普通人也有普通人的悲剧。善良的人民，有着许多善良的愿望和善良的行为，这也是价值。这价值虽然不如英雄和伟人对于大众、对于社会、对于人类那么显要，但它与我们普通人的日常生活更为

图 6-6 《被缚的普罗米修斯》

贴近。所以，它的毁灭总使我们想到自己，总使我们设身处地地去想："要是我，可怎么办？"因而更容易引起我们的同情和悲伤的感情。

不仅是悲剧故事，以音乐为表现形式的悲剧同样可以给人带来强烈的审美体验。

二胡独奏曲《二泉映月》奏出了瞎子阿炳的痛苦身世，流露出个体生命对那个世态炎凉的社会和多灾多难的命运的悲剧性体验，下面我们一起来欣赏这首《二泉映月》。

曲子开端是一段引子，引子短小紧凑，节奏由紧到松，音调由高到低，仿佛是一声深沉痛苦的叹息，又仿佛是作者向我们叙述他颠沛流离、饱经人间辛酸的遭遇。

图6-7 阿炳雕像

阿炳

1893—1950年，原名华彦钧，民间音乐家，正一派道士。因患眼疾而双目失明。他刻苦钻研道教音乐，精益求精，一生共创作和演出270多首民间乐曲。阿炳现留存作品有二胡曲《二泉映月》《听松》《寒春风曲》和琵琶曲《大浪淘沙》《龙船》《昭君出塞》共六首。

图 6-8　水中映月

此后，乐曲冲破了前段的沉闷，曲调逐渐激昂，第三乐句则在第二乐句尾音的高八度音上开始，在高音区进行，加上节奏的变化，切分音的运用，使已逐渐激昂的情绪更为激动。他情不自禁地倾诉着在所处的那个时代所承受的苦难压迫与心灵上一种无法解脱的哀痛；他在讲述着他辛酸悲苦的一生，毫不掩饰地表达出他心中的真挚感情，他在坎坷不平的人生道路上徘徊，流浪而又不甘心向命运屈服。

第四段是全曲的高潮，我们似乎可以听到阿炳从心灵底层迸发出来的愤怒至极的呼喊声，那是阿炳对命运的挣扎与反抗，也是他对美好生活的向往和追求。昂扬的乐曲在饱含不平之鸣的音调中进入结束句，而结束句又给人一种意犹未尽之感，仿佛作者仍在默默地倾诉着……

整首乐曲婉转流畅、跌宕起伏，深情的旋律如泣如诉、如悲似怒，时而委婉低现、时而激越高亢。低沉时犹如一位饱经风霜的老人在回首往事、娓娓道来，激昂之处犹如积压在胸中的各种复杂感情的爆发，恰似波涛汹涌，其深沉、悠扬而又不失激昂的乐声，撼动着千百万人的心弦。

除了上述两种悲剧外，旧事物在不该毁灭时被毁灭也是一种悲剧，它总是使我们产生怜悯的感情。任何旧事物都必然会被新事物所替代，但新陈代谢是一个过程，在这一过程中会有这样一个时期，旧事物还没有完全丧失存在的合理性，然而其代表人物的失败或毁灭也会产生悲剧。例如洪昇的《长生殿》，它描写的是唐明皇（李隆基）和杨贵妃（杨玉环）的爱情故事，他们的爱情经历了情滥、情专、情溺、情败、情悔、情伤、情圆的发展过程，最终却以杨贵妃之死而终结。昆曲《长生殿》将洪昇的原著五十出戏删繁就简合并为七场戏，

图6-9 昆曲《长生殿》

以唐明皇回忆的倒叙手法安排场次,其顺序为:"匦像哭""定情赐盒""权哄""制谱密誓""渔阳发兵""舞盘惊变""马嵬(wéi)埋玉"。接下来,我们一起观赏《长生殿》吧!

全曲构思巧妙,前欢乐,后凄凉;前安逸,后惊急,两相映照,正面突出了"占了情场,弛了朝纲"的主题,表明社会之所以动乱正是因为封建统治者的纵情享乐。全曲的曲文清丽流畅,既有文采,充满抒情色彩,与剧情相合,又不堆砌辞藻,明白易懂。同时,它的音乐唱腔流丽婉转、悦耳动听,具有古典新声格调。

图 6-10 昆曲《长生殿》

六 理想与现实的悖论

《惊变》是全曲的"乐极哀来",即李、杨爱情悲剧的转折点。《惊变》按舞台的时空与剧情的变化分为前、后两个部分,从【北粉蝶儿】至【南扑灯蛾】六曲,为第一部分;从【北上小楼】到【南尾声】是第二部分。首曲【北粉蝶儿】描绘了李、杨的爱情是在一个清闲安逸的环境:深秋时节,天高云淡,北雁南飞,二人在鸟语花香的御花园中互相嬉戏打闹。然而美好的景色下,预示着"变"的征兆:大雁为避寒而匆匆南飞,柳条由绿转黄,浮萍变枯,红莲脱瓣,这些都为第二部分的"变"埋下了伏笔。

图 6-11 唐明皇赐杨贵妃白绫

【北上小楼】到【南尾声】是《惊变》的第二部分，亦是这出戏的核心内容。当李隆基与杨玉环沉浸于柔情蜜意时，报警的鼓声骤发，忽然传来安禄山起兵渔阳，陷东京，破潼关，直逼长安而来的消息，顿时使风流天子"胆战心惊""魂飞魄散"。他眼看着歌舞升平的局面将被兵变打破，臣民逃散、乾坤覆翻、社稷（jì）摧残，面对这突起的兵变，开创了开元盛世的李隆基此时却束手无策，只是感叹"此生是了"。

"惊变"一出，即将成为阶下囚的唐明皇仍念及贵妃玉体受累，他言："寡人不幸，遭此播迁，累她玉貌花容，驱驰道路，好不痛心也。"而"埋玉"一出，马嵬坡兵变，众军逼唐明皇赐死杨贵妃。杨贵妃自缢于马嵬驿，死前对高力士言："我死后，只有你是旧人，能体圣意，须索小心奉侍，再为我转奏皇上，今后休要念我了。""这金钗一对，钿盒一枚，是圣上定情所赐，你可将来与我殉葬。"二人在生死关头仍心念对方，深刻地感受到双方爱之深，但又因现实不得不分开而有所凄凉悲伤。尤其是唐明皇逃到蜀中，雨夜闻铃，倍觉凄凉，他感叹："朕虽有九重之尊，四海之富，要他则甚！"他悲吟："到如今独自虽无恙，问余生有甚风光？只落得泪万行、愁千状，人间天上，此恨怎能偿！"那高亢悲凉的演唱，真是余音绕梁，声泪俱下，唱出一场帝王家的爱情悲剧。

【北上小楼】
具体描写了李隆基听到渔阳兵变的惊慌情形："呀，你道失机的哥舒翰，称兵的安禄山，赤紧的离了渔阳，陷了东京，破了潼关。哄得人胆战心摇，哄得人胆战心摇，肠慌腹热，魂飞魄散，早惊破月明花粲。"

洪昇
1645—1704年，字昉思，号稗畦，又号稗村、南屏樵者，是中国清代卓越的戏曲大家，与《桃花扇》的作者孔尚任并称"南洪北孔"。著有诗集《稗畦集》《稗畦续集》《啸月楼集》，杂剧《四婵娟》，传奇《长生殿》《回文锦》《回龙记》等。现戏曲作品仅存《长生殿》和《四婵娟》两部。

六 理想与现实的悖论

3　审美体验园

悲剧是对人生的一种神圣的体验，它将生命和人生中有价值、宝贵的东西毁灭给人看。悲剧虽然给人带来伤痛、不快的情感，但是可以通过再现真、善、美的毁灭来激发人们对假、恶、丑的强烈否定，通过表现人生的苦难和毁灭来突出真、善、美的价值。因此，当面对悲剧时，我们要以积极正确的态度对待，珍惜生命的每一个当下，创造自己转悲为美的生活。

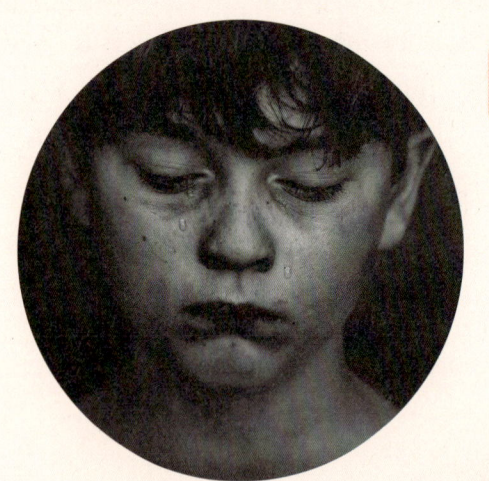

图 6-12　痛苦之泪

图 6-13　微笑之颜

训练一

1. 欣赏我国元朝戏曲作家关汉卿所创作的悲剧《窦娥冤》以及英国剧作家威廉·莎士比亚所创作的悲剧《哈姆雷特》，找出其中的悲剧元素。

训练二

2. 自己尝试创作一个悲剧小故事，并与同学分享。

六　理想与现实的悖论

七

图 7-1 无处不在的美

一花一草皆世界
——美无处不在

当你在万籁俱寂的夜间忽然听到一曲为你而响起的美妙音乐时,你能感受到美;当你在十字路口彷徨徘徊时,突然有盏心灯为你点亮,你能感受到美;当你的身体因寒冷和孤寂而颤抖,有一双陌生而温暖的手轻轻向你伸出来,你能感受到美……可以是绵绵的爱意,也可以是殷殷的祝福;美可以在蔚蓝的天、蔚蓝的海中,也可以在蔚蓝的心灵之中。世界美如斯,她无处不在!

1 自然美

大自然给人提供了无限广阔的审美领域。比如朝霞晚霞、春花秋月、长河落日、园林田野等，都是自然美。大自然以其秀美景色，带给我们多方面的精神享受。恩格斯说过："大自然是宏伟壮观的，为了从历史的运动中脱身休息一下，我总是满心爱慕地奔向大自然。"南朝齐诗人谢朓（tiǎo）被大自然的美景所陶醉，写下了"不对芳草酒，还望青山郭"的诗句，意思是欣赏自然风光之美，连酒都不想喝了。唐代诗人刘禹锡游九华山，发出了"奇峰一见惊魂魄"的感叹，盛赞它为"造化一尤物"。自然美具有巨大的感染力，泰山的雄伟、华山的险峻、峨眉的秀丽等，无不令我们叹为观止，流连忘返。

在我们生存的这颗蓝色星球上，最令人陶醉的当属山水的绚丽风采和天地景象的奇观异彩了。

图 7-2　五岳之尊——黄山

图 7-3　长江沿岸风光

千山万谷、江河湖海,以及流泉飞瀑,构成自然美中最诱人的风光。以山为例,我国就有巍巍五岳,它们风姿各异,有的以雄奇著称,有的以绮丽见长;有的险峻,有的幽远。五岳之中,东岳泰山多历史人文气息,南岳衡山仙雾弥漫,西岳华山奇险,北岳恒山僻静,中岳嵩山则更见侠气武功,可谓各有千秋。

山光岚影之后再来说水光波影。千姿百态的江河湖海,或滔滔滚滚,或平滑如镜,或清泉蜿蜒,或飞流直下。中华大地上,两大水脉、两大风景湖都是动人的水景。黄河、长江是祖国的两大水脉,它们从莽莽苍苍的青藏高原奔流而来,穿山越岭,时而咆哮震天,时而低眉细吟,一折三回中处处可见历史的沧桑,激流飞溅中又更见民族的精神。两大风景湖是指太湖和西湖,两湖都既有自然风光之胜,又有人文景观之美。

七　一花一草皆世界　117

图 7-4 极光

讲到自然美，当然不可忘了天象奇观和地象异彩。先说天象奇观。天象奇观异常丰富，例如极光、日环等。

极光是高纬度地区的一大奇观。夜晚，浩瀚的天空中，随着红光一闪，墨黑的天穹上映出一道道光束，五彩缤纷，绚烂无比。它们或似长虹，或如飞龙，把天地映照得瑰丽明亮。

日环是一种罕见的天象奇观，当日环发生之时，明亮的太阳被巨大的彩色同心圆环包裹，环的主色为橙红，并递减为黄、绿、蓝、白等色。圆环极其规则，犹如用圆规画出来的一般。

图 7-5 日环

图 7-6 云南石林

最后说说地象异彩，主要指山石奇观和水文奇观，如甘肃敦煌城南的鸣沙山和云南的石林，浙江钱塘潮和湖北神农架的潮水河，尽管科学已经对这种异彩做出解释，但它们的瑰丽奇幻仍然令人向往。

要说大自然之美，除了天象奇观和地象异彩之外，还不得不说说宇宙之美。人类正在向浩渺的太空进军，宇宙无穷奥秘的面纱将一层一层被揭开，宇宙之大美将愈来愈清晰地呈现在人类面前。我们惊异于大自然的诡奇，更忘情于大自然的美妙。

人类应当感谢大自然！如果没有自然的色彩、声音和婀娜的风姿，没有长江的浩瀚、大海的苍茫，没有五岳的巍峨、松柏的葱茏，没有明月的皎洁、星光的灿烂，我们生活的这个世界将变得多么枯燥，多么寂寞，多么乏味！所以我们更应该在欣赏自然美的时候，思考如何能够保护自然，从自身做起，让青山绿水常驻人间！

图 7-7 浩瀚宇宙

七 一花一草皆世界　119

2 社会美

社会美与其他种类的美一样,都是人类社会实践中的产物,我们改造世界、改造自然的社会实践活动,领域极其宽广、内容极其丰富,所以社会美有极其丰富的内容。例如社会生产、科学实验、宇宙探险、航天飞行,现

图 7-8 社会美体现在社会生活的方方面面

代社会生活中的和平、友谊、全世界的盛会奥运会等，都可以说是社会美的内容，是社会美的展现。

但是，在诸多社会美的内容中，占主导地位的却是人的美。因为美在社会生活的各个领域中的存在，

图 7-9　体育竞技体现着社会美

都离不开人之美，如果没有人之美，就失去了社会生活以及社会美的核心，进而也将失去它美的存在。

人的美包括外在美和内在美两部分。

人的外在美，是指人的外形美，又称仪表美，包括人的形体、相貌、服饰、行为和气质风度等。

意大利著名画家达·芬奇经过长期悉心研究，总结出人体各部分的比例：一般人的头部等于身长的八分之一；肩宽为身高的四分之一；两臂左右平伸，双手中指指尖的距离等于身高；跪立的高度为身高的四分之三；平卧的高度为身高的九分之一；大腿正面的宽度与脸的宽度大体相等；下肢长度与坐高大致一样；耳朵长度与鼻子长度大抵相等；两眼之间的距离刚好是一只眼睛的大小，如此等等。达·芬奇认为，符合上述比例的人体便是美的。

而人的内在美是指人内心世界的美，是人的思想品质、道德情操方面的美，又称心灵美、精神美或人格美。内在美是人之美的本质和精髓，因为内在美最集中地体现了人的本质力量，显示了人在自由创造中的智慧、才智、勇敢、刚毅的品德，人们在欣赏、表现和创造这样的美的时候，最容易产生扣人心弦的美感。

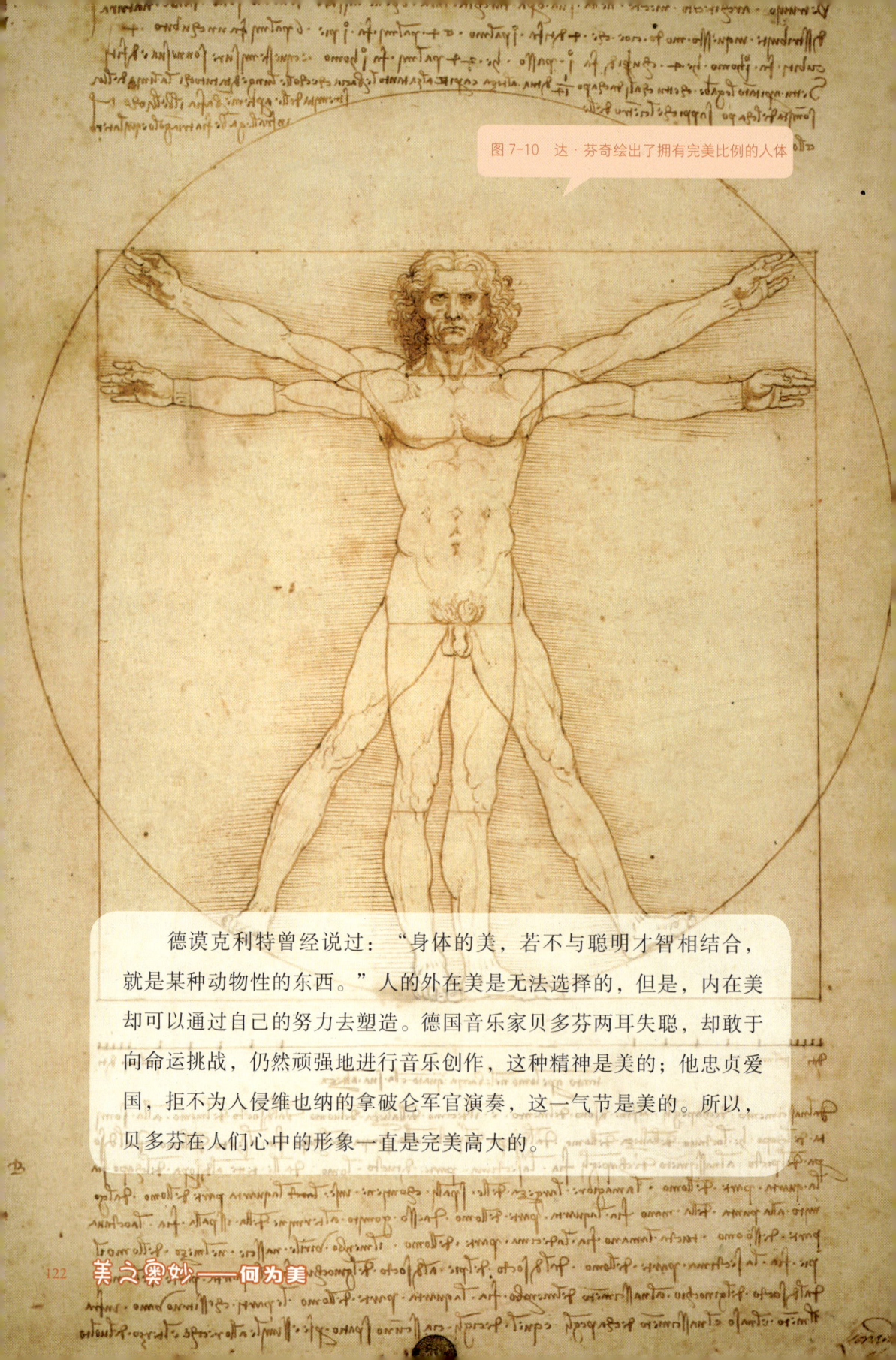

图7-10 达·芬奇绘出了拥有完美比例的人体

  德谟克利特曾经说过:"身体的美,若不与聪明才智相结合,就是某种动物性的东西。"人的外在美是无法选择的,但是,内在美却可以通过自己的努力去塑造。德国音乐家贝多芬两耳失聪,却敢于向命运挑战,仍然顽强地进行音乐创作,这种精神是美的;他忠贞爱国,拒不为入侵维也纳的拿破仑军官演奏,这一气节是美的。所以,贝多芬在人们心中的形象一直是完美高大的。

图 7-11　无畏的消防员体现了勇敢和奉献之美

除了人之美，社会美还包括社会事件、社会群体以及人与人的关系之美。一切侵略战争，反动派对人民的血腥镇压、残酷剥削、黑恶势力对人民的欺压、劫掠等社会事件，形象地表现了人类中恶的本质，因而是丑的。一切革命的起义，反侵略的战争，进步的群众运动，救死扶伤、排难解纷的壮举，形象地显现了进步人类善的本质，因而是美的。

最后，社会美还体现在社会的物质产品之美中，社会的物质产品是人的劳动创造物，指那些主要为满足人们的物质生产和生活的需要而制作的产品。它是与为满足人们的精神生活的需要而创造的精神产品、艺术品相对而言的。小到杯盘、帘幕、衣帽、手机、电脑、电冰箱等生活用品，大到汽车、轮船、高楼大厦，都是我们所说的物质产品。这些物质产品虽然主要是为了物质生产和生活的某种用途而创造的，实用价值是主要的，但它们同时也具有审美的价值，因为人们在做这些物质产品时，为了达到实用与美观的双重目的，往往按照美的规律来进行创造，这些物质产品是劳动人民辛勤劳动的结晶。

图 7-12 传统建筑之美——故宫角楼

3 艺术美

虽然美的价值在自然界,在人类的社会生活中,在技术创造领域,在其他精神创造领域都有不同程度的体现,但美最集中、最典型的形态却是存在于艺术创造之中的,因而艺术美是美学中的一个重要组成部分。具体说来,艺术美就是指艺术作品的美,是艺术家按照一定的审美理想、审美观念、审美趣味,对现实生活中的事物进行选择、改造和加工的产物。

要欣赏艺术就要先了解艺术。我们粗略地将艺术分分类,主要是从美学原则上,也就是从艺术同人的联系上去认识和把握艺术的审美特征。大体可以从三个方面去分析:

第一,从艺术与人的审美心理关系上看,可以将艺术分为呈现于静态的艺术和动态的艺术。前者如实用艺术(建筑艺术、实用工艺美术等)、造型艺术(绘

图 7-13 现代建筑之美——哈利法塔

画艺术、雕塑艺术、摄影艺术、书法艺术等)等,其特点是一般反映空间上的并列而不表现时间上的连续。后者如表演艺术(音乐、舞蹈等)、语言艺术(文学)以及综合艺术(戏曲、电影和电视中的文艺部分等)等。这类艺术既表现空间上的连续,又表现时间上的连续。

第二,从艺术与社会生活的美学关系上,可以将艺术分为偏重于表现的艺术和偏重于再现的艺术。前者如舞蹈艺术、音乐艺术等。后者如语言艺术、综合艺术等。当然,艺术从来都是表现与再现同体的,只不过前者倾向于写意抒情,后者偏重于叙事造型而已。

图7-14 绘画艺术——《向日葵》

第三,从艺术与人的五官感觉的审美联系上看,可以将艺术分为直接作用于视听感官的直观艺术和以语言符号为媒介的、需要在阅读中再造形象的间接艺术。前者包括除语言艺术之外的各种艺术,如影视、绘画、雕塑、工艺美术、园林艺术等,后者则专指各类文学作品。

典型性是艺术美的重要特征,这是因为艺术需要揭示社会现实生活的本质规律,以一当十,管中窥豹,来显示社会生活的真理性、深刻性、概括性和典型性,因而它是美的发展的最高形态。越是典型的,便越具有代表性和艺术感染力。

美之奥妙——何为美

图 7-15 影视艺术——《阿甘正传》

反映生活是艺术美的又一重要特征。生活是丰富的、广泛的,是一切文学艺术取之不尽、用之不竭的源泉。但是,任何一种文学艺术形式都有它的局限性。自然美只揭示自然界中自然事物之美;社会美只揭示社会生活中的事物,主要是人之美;而艺术美则既可以揭示自然之美,也可以彰显社会之美。

艺术美可以不受时间和空间的限制,这是艺术美的又一重要特征。许多艺术作品所具有的美可以超越时间与空间。埃及的金字塔、中国的莫高窟和兵马俑,让世人赞不绝口,它们都是人类艺术的瑰宝,可以久远地流传下去。

图 7-16 舞蹈美

七 一花一草皆世界 127

4 科学美

什么是科学美呢？科学美应该包含两个方面的内容：一方面是科学本身作为审美对象所具有的内在联系；另一个方面是人作为审美主体的美感，两者相融合才能形成科学美。因此，我们认为，科学美是人们认识客观事物的内在联系，并在情感上激起的极大乐趣。例如，海森堡在进行矩阵元计算时，发现一种与自然界的和谐美相一致的规律，兴奋得几乎"感到眩晕了"。这种感觉类似于艺术家在面对审美对象时的体验：惊奇、喜悦、心跳加速、兴奋异常等，得到的是一种审美快感。

科学美与艺术美正如科学与艺术一样，两者之间既有联系又有区别。简单来说，科学与艺术对于客观世界而言都具有认识价值。科学研究是在知识领域中探索，揭示事物的普遍联系及内在规律，而艺术创造是在感情领域中探索，揭示美的规律。科学知识能给人们以认识和改造世界的巨大力量，通过进一步的艺术教育，激励人们奋发进取。科学与艺术研究的对象不同，表现的形式各异，但它们不仅都是现实的反映，而且都具有洞察现实的作用，能够造福人类社会，在这一点上，可以说是殊途同归。

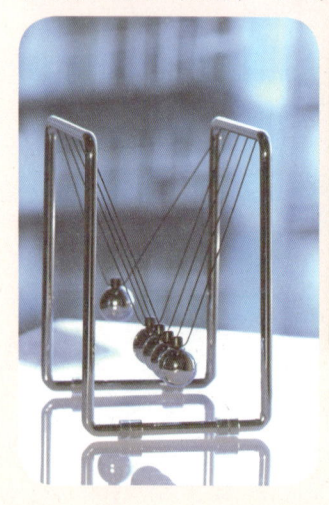

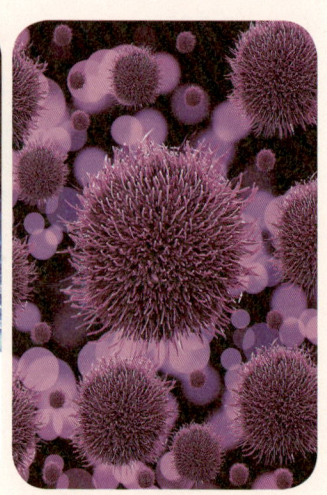

图 7-17 科学之美

具体说来，科学美主要表现在这些地方：

一是和谐。再没有比开普勒关于行星运动规律的表述更富有诗意的了：$T^2=D^3$，即行星公转周期的平方等于它与太阳距离的立方。他把论述行星第三定律的著作命名为"宇宙的和谐"，人们称赞他的理论像"美妙的音乐，多彩的图画"。许多科学家都发现，自然界中各种纷繁复杂的现象中，充满着这种内在的统一性、和谐性，许多科学理论所表现出的这种统一、和谐的状态令人惊叹不已。例如达尔文把几百万种动物和植物的起源统一了起来，麦克斯韦方程组将电和磁统一了起来，焦耳热功当量把热和功统一了起来，如此等等。

二是新奇。科学永远同新奇、独特联系在一起，它永远是不可替代的、独一无二的，它永远是对陈旧因袭和一切偏颇谬误的反叛。它在不断怀疑中思考，在不断思考中创新，哥伦布发现了"新大陆"，伽利略发现了"新宇宙"。科学理论的超前性、预言性使科学永显它新奇的魅力。

图 7-18 哥伦布发现"新大陆"

三是简洁。科学有一种天然的简洁美。"逻辑上简单的东西不一定是真实的,但物理上真实的东西却一定是简洁的。"万有引力定律、欧姆定律、焦耳定律、光电效应……何等深刻又何等简洁,人们在惊叹如此简洁的公式和定理中却包含着如此丰富而深刻的真理时,一种审美的愉悦感也就在惊叹之中油然而生了。

科学中充满了美,数学中引人入胜的数字图形的寓意美,奇妙多样的演算美;物理现象的形式美,物理实验的变幻美;化学物质的结构美,化学反应的直观美;生物世界的灵气美,生物物种的生态美;等等,无一不给人以启迪。而科学家闪光的人性美,更给人以鼓舞和力量,他们为人类文明建造的一座座丰碑永远激励着后人在科学探索的道路上锲而不舍、坚韧不拔、勇往直前。

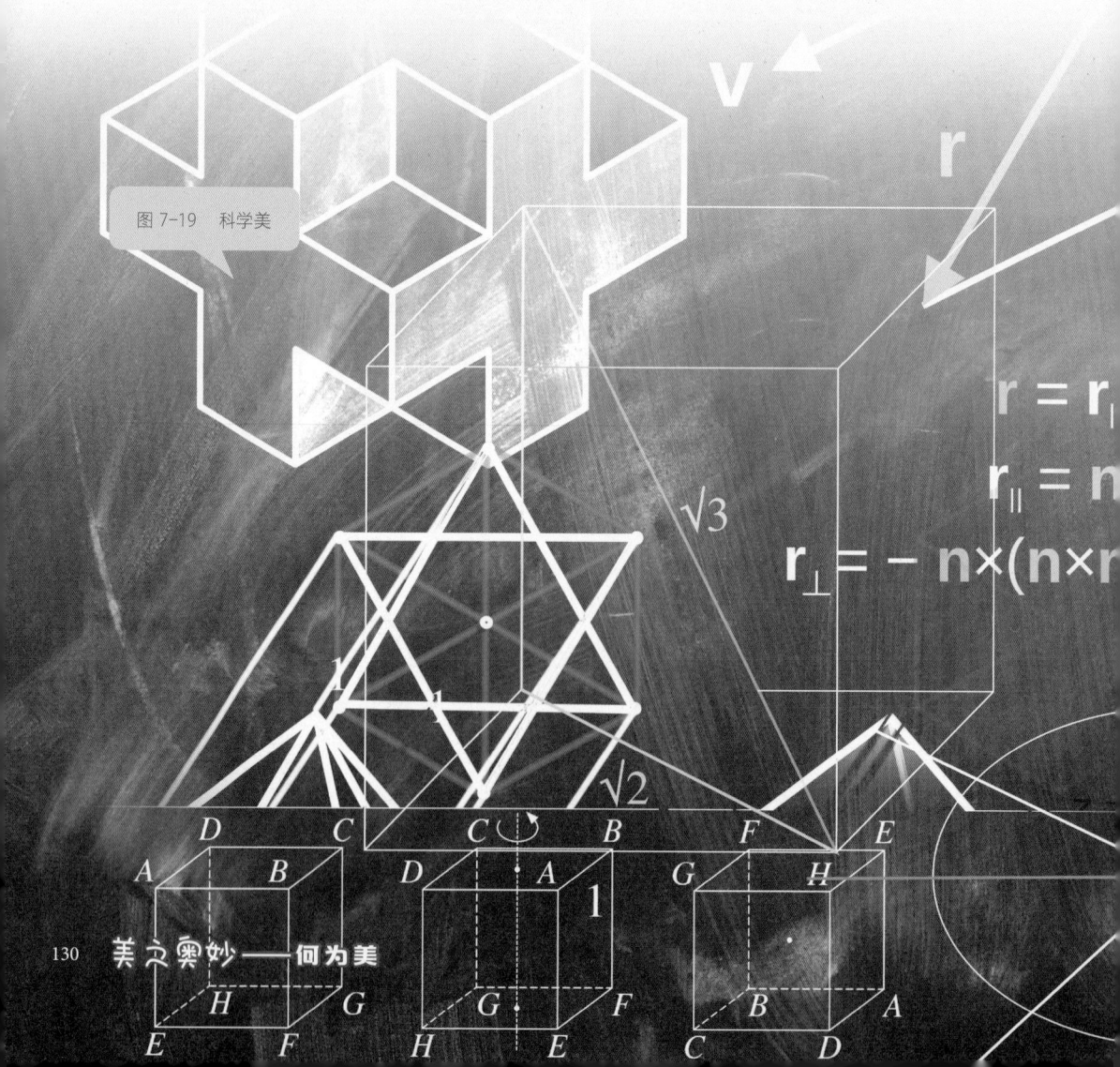

图 7-19 科学美

爱因斯坦 　　　　　　　　牛顿

门捷列夫　　　　　　　　霍金

图 7-20　著名科学家

七　一花一草皆世界　131

5　形式美

　　美的事物几乎都由美的形式和美的内容构成，将众多的美的事物集中起来，人们逐渐发现许多美的事物的形式竟然有着共同的性质，于是便把这些共同的性质定义为"形式美"。例如我们在公园里漫步，不经意间被一两株枝丫奇特的树所吸引，那旁逸斜出的枝杈和盘根错节的躯干是怎么长出来的？这独特的线条组合和极富造型美的姿态又像什么呢？你不禁驻足观赏，事实上，你正是被形式美所吸引了。

　　那么，形式美具体是由哪些因素构成的呢？

　　色彩是形式美的主要构成因素之一。在大自然中，有晨曦的淡红，有落日的昏黄，有大海的蔚蓝，有原野的翠绿等的存在，色彩斑斓。在艺术中，色彩是绘画的重要表现手段，离开了色彩，艺术家的思想就得不到淋漓尽致的表达。在日常生活里，人类的服饰、居室的装潢，以及其他生活用品等，都与色彩有关。而不同的色彩也会带给人们不同的心理体验，例如红色让人联想到火和血，会给人带来热烈、兴奋的情绪；黄色让人联想到灿烂的阳光，让人感到明朗和温暖；蓝色则让人联想到天空和海洋，会使人感到忧郁、宁静。

　　形状是构成形式美的另一重要因素。它是人们从事物的形体、空间物象中抽象出来的形式属性，由点、线、面、体构成。现实生活中，人们从物体不同面的轮廓折角中抽象出线条来，使之成为绘画、书法等艺术的重要语言。一般来说，直线表示坚硬、刚劲、挺拔等，曲线表示柔和、流畅，折线则表示生硬，线条的三种形态会给人带来不同的感受。

图 7-21 形式美的构成要素——色彩

七 一花一草皆世界　133

图 7-22　由各种形状构成的形式美

    构成形式美的最后一个因素是声音。声音同色彩一样，是物质的自然属性，是一种由物体振动所引起的声波，它作用于人的耳膜就形成了听觉。与色彩、形体一样，声音也带有一定的情感意味。高音表现高亢激昂，低音表现浑厚，强音表现振奋，轻音表现柔和。悦耳动听的音乐，其频率的振幅线是规则的，被人称为"乐音"；频率不规则的声音，则使人厌烦，被人们称为"噪音"。

杂乱无章是无所谓美的，上面提到的这些构成形式美的基本要素，都必须按照一定的规律组合起来，才会产生它们特有的审美价值。这个规律就是形式美的规律，也就是我们在本书第一部分的内容中提到的整齐一律、对称与均衡、比例与匀称、节奏与韵律、调和与对比、多样统一等规律。色彩、形体、声音正是按照相应的规律进行排列组合之后，达到了与人们生理、心理结构相和谐的状态，从而产生了审美价值。

图 7-23　声音也是形式美的重要组成因素

七　一花一草皆世界

6　审美体验园

著名美学家叶朗先生说:"旅游,从本质上说,就是一种审美活动。离开了审美,还谈什么旅游?旅游涉及审美的一切领域,又涉及审美的一切形态,旅游活动就是审美活动。"请利用你在本书中学到的相关美学知识选定一个旅游目的地,制订一个详细的旅游计划。

训练一

制订一份详细的旅游计划,可以是长途旅游,也可以是短途旅游。

训练二

携家人出游,然后联系所学美学知识写一篇游记。

后　记

　　随着物质文明的不断发展演进，人们对美的追求和向往之情也愈发浓烈，而对美的追求必然要以了解基本的美学知识、获得基本的审美能力为前提，这也是本书编写的目的。对美的追寻过程，不光弥漫着浪漫的氛围，脚踏实地、细致入微的探究工作同样必不可少。本书在编写的过程中也力求做到这一点，除了框架结构上经过了严格的论证外，书中的每一张插图也经历了千挑万选，我们旨在使本书的阅读过程成为一种感受美、享受美的过程。

　　本书的编写是在赵伶俐教授的统筹指导下完成的，赵教授具体负责了本书的总体规划、章节划分、内容指导、修改校订工作。在章节编写的分工上，段禹负责编写了本书的第一、二、四、五、七部分，张玲玲负责编写了本书的第三、六部分。

　　在此，对本书所选用的图片以及引用文字的原作者表示感谢。最后，由于时间、人力和精力方面的限制，书中不尽如人意之处在所难免，敬请各位专家与读者朋友们批评指正！

《美之奥妙——何为美》编写组
2018 年 10 月

参考文献

[1] 杨辛，甘霖，刘荣凯.美学原理纲要[M].北京：北京大学出版社，1989.

[2] 叶朗.美学原理[M].北京：北京大学出版社，2009.

[3] 朱光潜.西方美学史[M].北京：人民文学出版社，2003.

[4] 李泽厚.美学三书[M].天津：天津社会科学院出版社，2003.

[5] 赵伶俐.人生价值的弘扬——当代美育新论[M].成都：四川教育出版社，1991.

[6] 高峰.艺术鉴赏[M].北京：北京理工大学出版社，2011.

[7] 杜卫.美育论（第二版）[M].北京：教育科学出版社，2014.

[8] 中国社会科学院语言研究所词典编辑室.现代汉语词典（第7版）[M].北京：商务印书馆，2016.